Gérard Boutet. La truculence et les chaudes odeurs d'un passé encore proche, mais déjà si lointain.

Les hommes et les femmes qui, dans ce livre, nous parlent de leur vie et de leurs *petits métiers oubliés* sont les derniers témoins d'un passé proche. Gérard Boutet les a rencontrés et les a interrogés. Son enquête, précise et documentée, sauvegarde le souvenir d'activités quotidiennes, souvent si familières que personne n'a songé à en consigner les traditions, et qui sans lui seraient à jamais perdues.

Les façons de travailler, comme les façons de vivre, se sont radicalement modifiées dans la première moitié de ce siècle; le monde du travail a changé de gestes et de mentalités. Le progrès a bouleversé les habitudes séculaires, et l'homme, maître de son outil, dut accepter de n'être désormais que le serviteur de la machine. C'en est fini des artisans qui se souciaient davantage de la perfection à atteindre que du rendement à fournir. Quant aux professions qui se sont adaptées aux nouvelles règles, elles ont tellement évolué qu'un vieux contremaître ne saurait guère les reconnaître aujourd'hui.

Ceux qui évoquent ici leurs *petits métiers oubliés :* le braconnier, le meunier, le faiseur de liens, les comédiens ambulants, le dernier caillouteur et bien d'autres, n'ont rien oublié. Ils méritent d'être écoutés attentivement pour que, faute de savoir où l'on va, on sache un peu mieux d'où l'on vient.

PETITS MÉTIERS OUBLIÉS

QUELQUES OUVRAGES DU MÊME AUTEUR

Chez Jean-Cyrille Godefroy

Les gagne-misère
Nos racines retrouvées
Petits métiers oubliés
La boîte à lumière
Le geste et la parole
Baguenaudes
Aux beaux jours d'hier
La bonne franquette
Ils étaient de leur village
Ils sont partis en chantant
Ils ont vécu l'Occupation
La belle ouvrage
Les forestiers
Mémoires de femmes
Saisons paysannes
Nos grands-mères aux fourneaux
Pierres qui roulent...

GÉRARD BOUTET

PETITS MÉTIERS OUBLIÉS

LES GAGNE-MISÈRE / VOLUME 3

Croquis de l'auteur.

Jean-Cyrille Godefroy

12, Rue Chabanais 75002 Paris
ISBN 2-86553-070-1

La parole des anciens n'est sacrée que dans la mesure où elle porte le témoignage d'un passé riche d'enseignements. Ce n'est pas forcément le cas. Quelquefois un vieillard n'a rien à raconter, rien à transmettre. Il ne se souvient plus de la vie qu'il a vécue, ou il ne veut plus s'en souvenir. Ou encore, parfois, il préfère l'enjoliver afin de n'avoir pas à ressasser d'inutiles rancœurs. L'amnésie intentionnelle et la falsification de la mémoire sont des accommodements intimes qui permettent à beaucoup de vieillir en toute quiétude, les vaines amertumes ne troublant plus le sommeil des consciences.

Mais d'autres vétérans n'ont rien oublié. C'est à eux que nous dédions ces livres, à eux qu'en hommage nous offrons cette collection qui leur doit d'exister. Ils grillaient de nous éclairer. Ils se rappellent de tout, au détail près : les nombreuses épreuves endurées et les rares satisfactions obtenues, les difficultés du métier et l'amélioration progressive des conditions de travail, l'apparition de la machine et la fermeture des petits ateliers, les éternuements de la première automobile et l'agonie des villages désertés pour la ville... Ceux-là méritent d'être écoutés attentivement. Il ne faut pas laisser le temps éparpiller leurs dires que nul, ensuite, ne pourra plus jamais rassembler. Voilà un pan de l'histoire populaire que nous devons sauvegarder car faute de savoir où l'on va, au moins saura-t-on un peu mieux d'où l'on vient !

La plupart de ces gens sont nés avant la Grande Guerre. A l'époque, la France des géographies scolaires ressemblait à un puzzle dont les deux pièces perdues, l'Alsace et la Lorraine, trouaient d'une tache rose la mosaïque colorée des départements. De l'enfance à la retraite, ils ont répété les mêmes gestes sans chercher à pratiquer différemment. Ils procédaient ainsi qu'ils avaient appris, selon des préceptes établis une fois pour toutes depuis belle lurette. Certaines manières relevaient sûrement de quelque secret d'outre-siècle, d'une mystérieuse coutume qu'ils ne devaient point remettre en cause sous peine de rompre le charme indicible de la tradition corporative. A respecter les habitudes on ne risque point d'embrouiller l'ordre des choses. Chacun œuvrait donc suivant ses règles sans que quiconque n'y trouve vraiment à médire. En fin de compte, il n'y avait que la qualité de l'ouvrage qui importait. Seulement ça.

Oh ! bien sûr, j'en devine qui s'impatientent au fond de leur maison endormie. Un beau matin ils me voient frapper à leur porte. On bavarde, on boit le coup, on cause de ci et de ça, je les enregistre au magnéto, je leur tire le portrait et puis plus rien : ils ne lisent jamais le chapitre promis dans «Les Gagne-misère».

C'est tout simplement que pour l'heure, j'engrange davantage de grain que je ne peux en battre. La glane des informations et l'invitation aux rencontres passent avant mes autres devoirs. Les reportages qui en découleront pourront paraître sur plusieurs années ; rien ne se gâte dans mes tiroirs. Pareil au bon vin, ma documentation — écrite ou orale — se bonifiera au fil de l'âge. Assurément, le plus urgent est de recueillir les anecdotes de ceux qui ne seront pas toujours là pour me les confier.

Un peu de patience, donc, et mille excuses à mes vieux grands-pères qui rongent leur frein. Ce volume, je le répète, est le leur.

ÉMILE HENRY, COUPEUR DE COCHONS À VERNOU (88 ans).

Il en fallait d'autres que notre venue pour qu'Emile Henry daigne poser sa bêche ce jour-là. Une brindille aux commissures des lèvres en guise de mégot, il n'a guère pris la peine de relever la tête quand nous lui avons adressé le bonjour. «Je me dépêche de retourner ce carré de jardin, nous a-t-il lancé sans même ralentir sa besogne, car il se pourrait bien que le temps tourne à l'eau dans pas longtemps.» Et hardi petit, que je t'émotte de larges tranches de terre !

C'était un midi de fin d'hiver, un midi dont le soleil radieux faisait déjà oublier qu'on grelottait encore sous presque deux pieds de neige la semaine d'avant. Sacré-nom ! qu'on avait eu froid dans cette période-là ! Mais à présent, la journée se mettait en beauté pour annoncer le printemps. Il n'y avait donc aucun instant à gâcher en bavardage alors que la végétation, on le devinait, se désengourdissait doucement au secret du potager d'Emile Henry.

«C'est exact, a convenu notre jardinier. J'étais le coupeur de cochons, dans ce coin. J'ai repris le métier derrière M. Herbillon, vers 1933. En plus, je louais une petite culture légumière d'un hectare environ. Entre les cochons et les légumes, je ne m'arrêtais jamais !»

Le coupeur de cochons n'était autre, bien entendu, que le châtreur de porcs. Et il est vrai que le travail ne manquait pas dans cette campagne où chaque maison engraissait deux gorets dans l'année, parfois davantage, selon le nombre de bouches à nourrir. Car il importe de castrer les cochons qu'on destine à la consommation ; à sept-huit mois, la viande d'un verrat devient quasiment immangeable tellement elle empeste le mâle. Même les chairs d'une bête «piffe», c'est-à-dire d'une bête à demi-émasculée par maladresse, même ces chairs-là sentent trop l'urine pour être cuisinées. Le mauvais goût, qui va jusqu'à imprégner les casseroles, gâte surtout la poitrine de l'animal.

Un porcelet était abâtardi entre ses quatre à cinq semaines. Le fermier le maintenait solidement sur le flanc en lui écartant les pattes postérieures. Un simple canif pliant, un genre de greffoir aussi affûté qu'un instrument de barbier, suffisait à la délicate opération. Le coupeur serrait fermement son couteau par la lame, entre le pouce et l'index replié. Il devait trancher les testicules d'un geste précis, quelquefois les faire sortir du ventre auparavant, et ne jamais entailler la verge. Un tournemain à saisir. Aussitôt il aspergeait la plaie d'une giclée d'eau de javel afin de la désinfecter et d'activer sa cicatrisation. Le cochon gueulait pendant cinq minutes puis se taisait enfin. Le fermier jetait les bourses sur le tas de fumier où les poules se les chamaillaient. L'ouvrage était terminé. Un jeu d'enfant, sauf pour le cochonnet.

Emile peut se vanter de n'avoir jamais loupé son affaire, et c'est pourquoi les cultivateurs du voisinage l'assuraient de leur totale confiance. De la sorte il n'eut guère à se battre contre quelques rares concurrents qui, de toute manière, ne lui arrivaient pas à la cheville. Par la suite on lui apporta même des matous à couper. Ce n'était pas plus difficile. En revanche, il ne hongra jamais les chevaux et ne châtra que très rarement des taurillons : il s'agissait d'une tâche qu'il jugeait beaucoup trop compliquée pour lui.

Emile Henry coupait jusqu'à une dizaine de porcs par jour, en bonnes saisons. Les marchands lui indiquaient parfois des métairies qui avaient besoin de ses services et

Encore une histoire cochonne !
(Collection Daniel Bénard).

qui, ainsi, s'ajoutaient à sa clientèle habituelle. Il se déplaçait à vélo et réclamait un franc cinquante de l'animal. On lui offrait souvent un canon de rouge par dessus le marché.

Il faisait ça sans chagrin, Emile. C'était un travail comme un autre, ni meilleur ni pire, qui devait être exécuté en temps voulu, de main de maître. Par contre, il n'aimait guère les voyages incessants que sa fonction nécessitait. Toujours à pédaler sur les routes des quatre ou cinq communes limitrophes de Vernou. Fréquemment, il emportait sa gamelle sur son porte-bagages. Sa femme Léonie restait seule à cultiver leurs champs.

Ils vécurent ainsi, lui sur les chemins et elle dans les carrés de choux, jusque dans les années soixante. «Tout cela n'existe plus de nos jours, dit Emile en mâchouillant sa brindille. Maintenant, ce sont des ouvriers employés par les coopératives qui se chargent de la castration des cochons. De toute façon, au pays, on ne trouve plus que des porcheries semi-industrielles à l'heure actuelle.»

A l'instar du langueyeur et du cochonnier, le coupeur est donc devenu un personnage d'autrefois que l'on tend à oublier. Désormais, Emile Henry n'a plus qu'à bêcher son jardin sans être dérangé. Après trente ans d'activité, il n'a pas volé de profiter d'une paisible retraite.

Rencontre de l'hiver 85-86.

Pas moyen d'y couper.

A la fin du siècle dernier, le coupeur de Gien était connu pour son caractère acrimonieux. Il vivait en marge du voisinage et ne permettait point que quelqu'un puisse plaisanter à son propos. Or de l'autre côté de la rue se tenait un bistrot dont le tenancier, à l'inverse, ne pensait qu'à facéties. Et comme le cabaret se situait à proximité d'un asile hospitalier, ledit boute-en-train n'avait rien trouvé mieux que de choisir pour enseigne : *«Ici l'on est mieux qu'en face»*.

L'irascible coupeur, s'estimant plus visé que ne l'était l'hospice, contraignit le bistroquet à changer d'argumentaire. Ce que celui-ci fit aussitôt en peignant une formule abracabrante sur son calicot. Les gens, intrigués, se pressèrent autour du café, qui ne désemplissait plus. Et chacun de commenter cette énigmatique enseigne...

Traduction prise auprès du curé, la formule reprenait exactement la devise précédente, mais en latin. On raconte que le coupeur faillit en attraper une jaunisse !

Les femelles aussi.

«Le châtreux coupait également les coches pour qu'elles ne tombent pas «en ruet», en chaleur. En effet, une truie est prise de folie au bout de six à huit mois ; alors elle se tourmente pendant trois ou quatre jours, tourne et retourne tout sous son toit, ne mange ni n'engraisse. Les anciens ne sacrifiaient jamais une bête dans cet état car ils prétendaient que sa viande était fiévreuse et que cela nuisait à sa conservation dans les pots à salé.

«Par ici, le châtreux se faisait payer «à la guérouée», à la nichée, sans tenir compte de sa composition. Peu lui importait le nombre de mâles et de femelles, de piffes — animaux dont les organes génitaux n'apparaissent pas totalement —, de hernies à résorber ou à recoudre. Il organisait sa tournée tous les quinze jours (aujourd'hui il ne passe qu'à la demande). En général c'était le naisseur qui commandait la castration des porcelets, et non l'engraisseur.

«Les coches «sainées», qui avaient donc subi l'ablation des ovaires, se reconnaissaient sur la foire à leur oreille fendue par le coupeur lors de l'opération. Elles étaient vendues plus cher dans le Perche où les éleveurs d'autrefois ne pratiquaient pas ce genre d'excision.» (Lettre de M. Jean-Marie Veau, de Tigy.)

Ce terme de patois, «sainée», dérive vraisemblablement de l'ancien français *saïm* (embonpoint, graisse) que l'on retrouve dans le mot saindoux. On disait quelquefois «essainée» ou «essaimée».

ANDRÉ LHÉRITIER, FENDEUR LATTIER À MONTLANDON (82 ans).

André Lhéritier, alors gadouillot de seize ans, n'eut pas besoin de suivre un long apprentissage pour savoir fendre les lattes. Il lui suffit d'observer la manière dont s'y prenait son grand-père, qui était également garde-chasse en ce coin du Perche. Le bonhomme frisait la septantaine. C'était sitôt après la guerre, la Grande, en 19.

A cette époque, on trouvait beaucoup de fendeurs de lattes dans la contrée, un ou deux par village (aujourd'hui il faudrait courir bien loin avant d'en dénicher un seul !). Ils travaillaient en forêt ou dans les scieries, selon la demande, pour les cultivateurs ou pour les marchands de bois. Le métier était plaisant, comme la plupart des occupations sylvestres de ce temps-là. D'abord et surtout, parce qu'on ne sentait jamais la présence d'un patron derrière soi. Nul n'avait à rendre compte de son ouvrage. On s'arrêtait de besogner quand on le voulait, et l'on repartait de même. On vivait à sa convenance, sans avoir à fournir des explications à n'en plus finir sur le moindre de ses gestes, sans avoir à demander la permission d'un contremaître pour aller pisser ou pour téter le goulot de sa bouteille.

Un fendeur bûchait toute l'année, sauf pendant les moissons où il prêtait la main aux fermiers. Il produisait principalement des lattes à toiture et du lattis à plâtrer, que l'on nommait du «bacula» ou du «palisson». Pas de merrains ni de palis à clôture, pas de feuillards ni de piquets : cela dépendait d'un autre métier, semblable et différent.

«Une toiture de tuiles sur lattes fendues durait un demi-siècle sans bouger, assure André Lhéritier. Les couvertures de grange peinaient davantage que celles des habitations, à cause du foin salé qu'on y entassait et qui dégageaient une buée corrosive. Ce n'étaient pas les lattes qui pétaient mais les clous qui rouillaient ; alors tout glissait sur les chevrons.»

De nos jours où le rendement prime plutôt que la qualité, les couvreurs se satisfont de n'importe quel bois scié, du sapin comme du peuplier, sans se soucier de la belle ouvrage. Le boulot doit être terminé avant d'être commencé. Mais naguère, pardon, on y regardait à deux fois. Un fendeur tenait à sélectionner les plus beaux chênes, rien d'autre, afin de ne craindre aucune remarque désobligeante. Question de réputation.

D'abord, arrivé sur l'abattis, il construisait la bique sur laquelle il éclaterait ses lattes : un chevalet composé d'une branche fourchue et de deux pieds assemblés en pyramide. Une fourche de bonne forme était précieusement conservée par le fendeur qui la traînait de chantier en chantier, au même titre que ses autres outils.

L'affutâge du lattier comprenait trois sortes de départoirs : la doloire, le coutre et le latton, plus une mailloche à tête cylindrique, la «babou», taillée dans une pièce de bois.

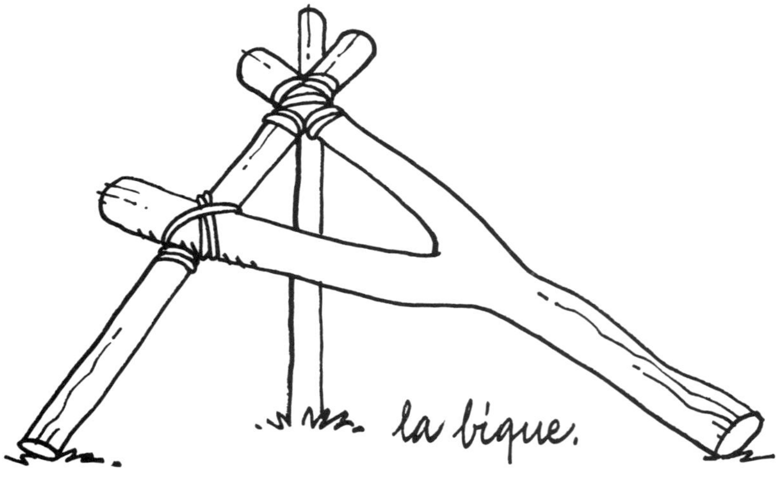

Au fin fond de la forêt... (Collection Muguette Rigaud).

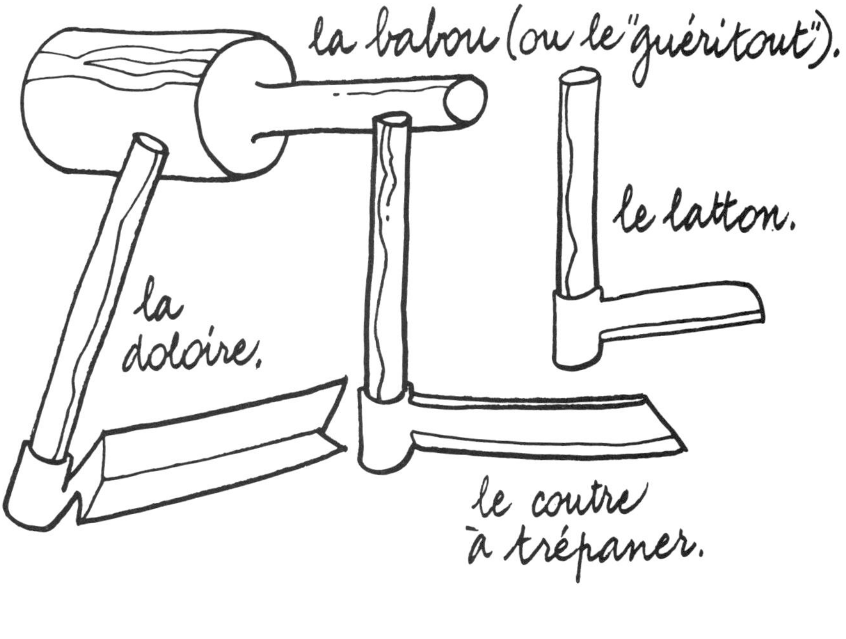

Les lames, qui sortaient de la forge du taillandier, paraissaient inusables pour qui savait les aiguiser d'une main légère sur une meule à eau. Le fer du coutre mesurait une quarantaine de centimètres ; celui du latton n'en faisait que la moitié.

Les chênes étaient débités encore verts. On sciait d'abord les billes à une longueur de quatre pieds (1,33 mètre). Certains arbres donnaient jusqu'à quatre billes, de quoi obtenir cent bottes de cinquante lattes ; on chercherait en vain de tels monuments dans les forêts du Perche actuel !

Les billes étaient ensuite divisées en demis puis en quartiers avec la doloire, enfin en huitièmes trépanés — mis sur trois pans — à l'aide du coutre. «On fendait les huitièmes en lattes, explique André Lhéritier, la lame du latton parallèle à l'écorce, en débutant par le cœur. L'amorce d'angle, le charnier, servait d'échalas ou de quenouillot.»*

Un fendeur ne parlait qu'en anciennes mesures, en pieds et en pouces. Une latte devait atteindre la largeur d'un pouce, soit le douzième d'un pied (2,7 centimètres environ). Pour son épaisseur on comptait sept lattes en deux pouces, ce qui réduisait chacune à sept ou huit millimètres. On fendait deux lattes de bacula dans une latte de toiture.

Un gars que le labeur ne rebutait pas, parvenait à gagner correctement sa vie dans le fendage des lattes. Il était payé à la botte de cinquante, botte qui correspondait grosso modo à une heure de travail. Rares étaient ceux qui dépassaient les dix bottes dans leur journée.

André Lhéritier exerça la profession pendant soixante-six ans. Chaque soir il rentrait chez lui mais le midi, il s'arrangeait d'être nourri par le client. Il se maria en 34 : sa femme Georgette resta à la maison où elle éleva leurs six enfants. «C'était aussi une sacrée corvée que de torcher tous ces petiots !» reconnaît André.

---

* Les «quenouillots» étaient des bâtons entortillés de paille — d'où leur aspect de quenouilles — que les maçons de jadis posaient entre les solives en les serrant les uns contre les autres, pour constituer les plafonds isolants. On les recouvrait souvent d'une chape de terre ou de sable.

Le bonhomme cessa de fendre en 1970, quand sonna l'âge de la retraite. Il devinait que personne ne reprendrait ses outils après lui. Il ne se trompait pas : le métier n'offrait plus aucun avenir face à la concurrence des scieries semi-industrielles.

Et pourtant, André Lhéritier remporte toujours son petit succès lorsque, au hasard d'une fête de village, entre le maréchal-ferrant et le rempailleur de chaises, il s'amuse à faire une démonstration de son habileté. C'est d'ailleurs lors d'une de ces occasions que nous l'avons rencontré à Champrond-en-Gâtine. Désormais, le vieux fendeur de lattes est devenu une attraction de frairie !

Rencontre de l'été 86.

ROBERT GRÉLIER, BRACONNIER EN SOLOGNE (76 ans).

Nous avons suivi Robert Grélier dans les bois au temps où il pelait les chênes et sciait les poutres en compagnie de son père*. C'est encore dans les bois qu'il va nous entraîner maintenant, mais pour une occupation nettement moins avouable : le braconnage.

Ça y est, le mot est lâché. Eh bien, oui : Robert Grélier braconnait. Il braconnait comme tous les Solognots en ce début de siècle. Pour manger à sa faim. Et puis, le vice venant avec l'âge, par plaisir. Une façon de joindre l'utile à l'agréable.

Il n'avait pas huit ans quand son père, qui s'y entendait diablement à poser le collet, le prit une nuit par la menotte et, au secret des fourrés, l'initia à la braconne. C'est tout juste si le gamin ne sut pas prendre un lapin avant de savoir lire. Il regardait faire les grands, il apprenait à deviner le gibier. Puis il s'essaya bientôt à la pratique avec des garnements de son âge. A dix ans, alors qu'il gardait les vaches, il n'avait déjà pas son pareil pour attraper le garenne. Et pourtant, Robert vous soutiendra que le braconnage ne s'apprend pas. C'est quelque chose qui est en vous, quelque chose qui vous coule dans les veines. Un don de naissance. «Ça marche comme avec les filles,

---

* Relire *«Les Gagne-Misère»*, volumes premier et second.

ricanne-t-il. Pas besoin de leçon pour qu'on aboutisse quand même ! Mais c'est plus ou moins bien fait, ça d'accord.»

Il faut dire que les Solognots sont toujours nés avec un collet autour du cou en guise de cordon ombilical ; cette particularité en fait évidemment des gens pendables. Et c'est sûrement pourquoi, jadis, les argousins en attachèrent quelques-uns sous le gibet, pour crime de filetage sur les domaines du Roy. Victor Hugo écrivit même que «le braconnier, de même que le contrebandier, côtoie de fort près le brigand».

La tradition remonte très loin dans l'histoire solognote puisque les anciens braconniers élirent saint Viâtre, leur pair des époques mérovingiennes, pour protecteur (1) ! Une vieille habitude, donc. Quasiment une seconde nature. Un héritage d'outre-temps... Le père de Robert ne reniait point ses origines. Il chassait le sanglier au fusil avec la bénédiction des paysans des environs. Une sorte de braconnier à gages. «Un cochon a encore foulé mon seigle cette nuit», se plaignait un locaturier. Le bonhomme se mettait aussitôt en traque. Un matin il revint avec une laie de cent huit kilos. On la partagea entre amis après que le locaturier eût prélevé son dû. On en conserva un bon quartier dans la pote à salé, en guise de porc.

En vérité, c'était toujours le besoin qui poussait un Solognot à braconner. La terre ne donnait que de chétives récoltes, le bois que de maigres salaires. On ne goûtait pas souvent à la viande de boucherie, chez les gratte-misère. Un pot-au-feu le dimanche et des patates le restant de la semaine. Il fallait bien trouver compensation quelque part. Alors on traînassait la nuit en quête d'une bonne fortune. Il y avait dix enfants à nourrir dans une maison voisine ; l'homme ne pouvait pas s'allonger sur le lit que sa femme était aussitôt enceinte. Ils trimaient tous les deux dans le bois en journée mais dès la tombée des ténèbres, le Gilbert décrochait son fusil et la Céline allumait sa lanterne. Ils partaient à la provende. Parfois ils ne fermaient pas l'œil de la nuit. Ils échangeaient leur musetée, le len-

---

Relire du même auteur :

(1) *«La tradition orale en Sologne»*, chapitre : En bonne compagnie (Éditions du Corbeau, Orléans 1981).

demain matin, contre du lait et du pain.

On se connaissait tous. L'un disait : «J'ai remarqué une passée dans telle bouchure !» et l'autre répondait : «On y va ce soir !». Le bourg comptait à ce moment-là plus de quarante braconniers. Ils avaient beau se talonner, ils rapportaient toujours autant de gibier. Les lapins foisonnaient de partout. Dame oui ! c'était rendre service aux paysans que d'en tuer. Eux mêmes ne s'en privaient d'ailleurs point, n'en déplaise à leur châtelain ! L'important était de ne pas se faire surprendre la main dans le sac...

On braconnait tous les soirs quand le temps le permettait. On se chaussait de savates pour êtres plus leste et l'on se dépêchait de disparaître dans le noir. On parcourait des quarante kilomètres à pied dans sa nuitée. Quelquefois on enfourchait le vélo que l'on planquait en lieu sûr. Dans le bois on ne se parlait plus : on communiquait par signes, en agitant la lanterne.

L'aventure était plus ou moins longue selon le gibier rencontré. Robert rapporta une fois cent quarante-cinq lapins dans sa nuit, parole de braconnier. Trois biches et autant de cerfs en une autre équipée. Il s'agissait de gros morceaux qu'on ne pouvait pas trimballer sur un porte-bagages de bicyclette, bien évidemment. On cachait les animaux dans un hallier et on revenait avec une charrette, en douce. Les bêtes étaient dépecées chez le marchand de gibier, qui s'arrangeait ensuite de les expédier sur Orléans. Ni vu, ni connu : je t'embrouille.

En revanche, d'autres nuits n'étaient guère propices. Le temps et la saison en décidaient. En pleine lune, il valait mieux rester dans son lit. Robert n'est jamais rentré bredouille, néanmoins. Son plus médiocre tableau fut un unique lièvre pour une virée nocturne. Pas de quoi pavoiser ce matin-là.

Du gibier, on s'en gavait. On en vendait également. Aux marchands de venaison ou aux aubergistes. C'était de la fourniture premier choix car aucun plomb ne la piquait lorsqu'on travaillait à la sauvette, sans fusil. Le marchand fixait son barème. On frappait chez le concurrent en cas de désaccord. A cette époque-là, un lapin payait grandement son paquet de gris. La perdrix rapportait dans les trente sous. Qu'est-ce qu'on a pu se goinfrer comme lapereaux, durant l'Occupation, à la barbe des Boches ! Plus personne n'osait sortir son fusil et le gibier proliférait dans le pays. Une véritable bénédiction pour le braconnier... Robert en rigole encore, puis il reprend son sérieux pour confesser : «On bouffait dans la journée les sous qu'on avait gagnés la nuit.» Le plus souvent au bistrot (2).

L'image est connue : un braconnier ne s'enfonçait jamais dans les bois sans son chien. Un bon toutou ne devait pas clabauder à tort et à travers, mais obéir au doigt et à l'œil, point à la voix. En silence, toujours. Celui de Robert était un corniaud de vacher, admirable. Il comprenait tout, il sentait tout. Avec lui, aucun risque de se faire coincer. Une nuit, deux gardes ont longé le fossé dans lequel son maître s'aplatissait pour leur échapper. «Le cabot a posé sa figure sur ma gueule, raconte Robert en appuyant sur le lapsus volontaire. Il n'a pas bougé d'un poil. Après il m'a léché comme pour me dire : on les a bien eus, hein ?»

Notre fraudeur nouait peu le collet qui, à son avis, ne laissait point suffisamment de profit. Certains de ses collègues s'en servaient pour le lapin, quelquefois pour la biche et le cerf. Ils en égrenaient une cinquantaine le soir, à la brune, et ils les relevaient au petit matin. Ils utilisaient du fil de laiton pour les capucins et du fil de fer pour les grosses prises.

Les trucs à Robert, c'étaient plutôt le panneau et la lanterne.

On partait à plusieurs par les nuits sans lune. On déployait le «panneau», un filet de lin, sur des piquets enfoncés à la va-vite en lisière de bois, à contre vent, puis on fouillait les buissons à la houssine, de façon à rabattre le gibier. Les lapins tombaient dans le panneau et s'entortillaient dans la frange du piège qui traînait à terre. On n'avait plus qu'à les saisir par les pattes arrière et, l'autre main serrant les oreilles, à les étirer d'un coup sec pour leur casser les reins sans un couinement. Chaque lapin était sur le champ vidé de son urine par une pression du

(2) Relire du même auteur : «*Ils ont vécu l'occupation*» (Jean-Cyrille Godefroy éditeur), chapitre : Papa pique et maman coud.

pouce sur le ventre ; c'était ce qui s'appelait «faire pisser le raboliot»... Mais parfois, la déveine surgissait des bosquets sous la forme d'un sanglier qui débûchait et défonçait le fourbi. Un avatar qui n'amusait personne, croyez-moi !

Les fermiers adaptaient le procédé à leurs clôtures de grillage. Ils bouchaient les passées et envoyaient leur clébard sur les lapins quand ceux-ci, après avoir grignoté les jardinages, tentaient de regagner le couvert.

Le résultat de la «lanterne» dépendait du hasard des rencontres qui se présentaient lors des nuits brumeuses. L'un éblouissait le gibier avec une lampe à carbure tout en secouant un grelot. L'animal s'arrêtait net. L'autre l'agrippait à la poigne ou, pan ! lui envoyait une décharge de flingot. On attrapait ainsi de la plume et du poil : de la perdrix, du lièvre, du chevreuil... L'inconvénient était que les lanterneux se faisaient vite repérer en baladant leur lumière ; ils vérifiaient donc que les gardes roupillaient comme des sonneurs avant d'éclairer les landes.

On prenait les compagnies de perdreaux à la «bannière». C'était un filet monté sur une armature en croix, comme son nom l'indique. On l'utilisait par nuit de brouillasse, quand les perdreaux se pelotonnent dans les guérets. On s'approchait sans bruit et on l'abattait brusquement sur la volée endormie. On ramassait quinze à vingt perdreaux d'un coup, parfois plus. Vivants, ils étaient vendus plus cher aux éleveurs qu'aux marchands de gibier.

Les faisans remplissaient les carniers grâce au «perché», méthode que l'on choisissait durant les nuits douces et sombres, un peu mouillées. On se faufilait au pied d'un chêne où juchaient les oiseaux, on les aveuglait à la lanterne et on les gaulait au bâton. Un coup de dent défonçait le crâne des volatiles qui déboulaient comme des poires trop mûres. On cueillait ceux des hautes branches avec une mèche soufrée qu'on ficelait au bout d'une perche, ou on les dégommait au fusil.

On levait aussi des lapins au gîte. Une pierre colmatait l'entrée de la rabouillère que le chien ouvrait pour étrangler ses occupants. D'autres fois, on glissait un furet dans la bauge, que l'on fermait aussitôt avec une bourse. Les lapereaux bondissaient hors du terrier pour finir entre les mains du braconnier. Il arrivait cependant qu'un furet «colle au trou», qu'il se love, gavé, sur sa victime saignée à blanc. On ne le récupérait alors qu'en fouillant le gîte à la bêche !

Robert ne se contentait pas des bois pour perpétrer ses coupables agissements : il vadrouillait également sur le bord des étangs et des rivières. Tout lui était bon. Il revenait souvent avec ses cinquante kilos de poissonnaille sur le dos. Des carpes, des gardons, des brochets... Certains les saisissaient à la nasse, en fort courant, ou les harponnaient à la fourchette et à la lanterne, sur les gués. Robert, lui, n'avait nullement besoin d'un attirail : il pêchait «à la chave», c'est-à-dire à la main dans les renards des berges. Il touillait l'eau, le poisson se réfugiait dans les cavités et le braconnier se servait.

Les écrevisses faisaient surtout le bonheur des gamins. On les retirait au printemps, le soir, quand elles grouillaient au long des berges. On les prenait à l'épuisette ou à la balance appâtée à la tête de mouton. On plongeait aussi un fagot farci de viande avariée, dans lequel grimpaient les crustacés.

Les braconniers formaient une grande bagaude unie face à la meute de gardes qui les pourchassaient sans répit. Ils jouaient d'ailleurs le beau rôle dans la farce populaire : celui des guignols qui bernaient les gendarmes au détriment des riches propriétaires fonciers. La revanche du croquant sur le châtelain, en quelque sorte. Il y avait certainement, du moins dans l'opinion, un peu de Mandrin dans le Raboliot. Jamais un colleteur n'aurait dénoncé son semblable. C'était la règle d'honneur. Cela dit, les braconniers craignaient moins les pandores que les saint-huberts.

«Le braco était pire qu'un bandit aux yeux des gardes, maugrée Robert. On le punissait davantage pour avoir tué un lièvre que s'il avait assassiné un passant !» Pris en flagrant délit, le malheureux comparaissait devant le tribunal, avec amende et prison à la clef. Certains restaient un an à l'ombre. Ça ne les empêchait pas de recommencer dès leur élargissement. Il fallait bien croûter. Et puis quoi, on avait la braconne dans le sang !

Robert fut l'un des rares de la contrée, sinon le seul, à

La main au collet.
(Collection Muguette Rigaud).

ne point se faire poisser. Les gardes l'épiaient constamment ; ils essayaient de le confondre par tous les moyens mais lui, finaud comme pas un, éventait habilement leurs ruses. A malin, malin et demi.

Il frisa pourtant la guigne à plusieurs reprises. Une nuit de plein hiver, en 39, quatre saint-huberts de Chaumont-sur-Tharonne lui filèrent le train au point de le toucher du doigt. Il braconnait à la lanterne en compagnie d'un copain. Tous deux durent se tapir dans les joncs d'une daraise d'étang, là où les gardes n'auraient point l'idée de venir les dénicher. Après avoir eu grand chaud aux fesses, nos lascars avaient maintenant rudement froid au cul, mais ils s'en tirèrent !

Une autre nuit de folle poursuite, Robert ne dut son salut qu'en sautant dans une carrière inondée. Ce fut l'eau glacée qui amortit sa chute et le sauva.

Il n'était guère facile de déguerpir avec une besace bourrée de gibier sur les épaules, ça non. De plus, on ne suivait que des sentes peu fréquentées, souvent boueuses et glissantes. Toujours il fallait garder l'oreille aux aguets, toujours il fallait se tenir prêt à se dissimuler ou à détaler. A l'orée du bourg, au moindre doute, on balançait son fardeau par le soupirail d'une maison amie et l'on rentrait chez soi en sifflotant innocemment, les mains dans les poches, à la rage des gardes embusqués dans un recoin. Les épouses se rongeaient les ongles en attendant. Durant la Grande Guerre on vit des femmes de braconniers prendre la relève de leur mari parti au front. Et pourtant, ne disait-on point que l'odeur d'une «fumelle» faisait fuir le gibier, surtout lorsqu'elle avait ses sangs ?...

La réputation de Robert n'était plus à faire, c'est vrai. Les anciens saint-huberts le traitent encore de «cochon de braco» et lui les appelle toujours «vaches de gardes». La rancune reste tenace, même quand elle prend le ton badin et faussement complice d'une vieille plaisanterie.

Le plus drôle est que notre chenapan s'engagea plus tard comme garde sur les terres d'un marquis de Seine-et-Oise, puis sur une chasse de La Ferté-Saint-Aubin ! Là, il ne braconnait plus — qu'il dit. Mais il enseignait les jeunes à le faire. C'était plus fort que lui.

Allons donc ! On sait parfaitement que les gardes

furent toujours les premiers à poser le collet, leur salaire de misère ne suffisant point à nourrir leur maisonnée. Et puis à cette époque, les lapins pullulaient tellement qu'il devenait nécessaire d'en supprimer quelques-uns. Le propriétaire de La Ferté autorisait même ses domestiques à en piéger. Seule la myxomatose, en 52, put venir à bout de ces foutus garennes qui rongeaient tout, arbustes et cultures. Sans être un bien, la maladie ne fut pas un mal tout à fait. Sauf pour les braconniers et certains métayers qui payaient leur bail en brouettées de lièvres...

Robert a cessé de courir les bois sur les 65 ans. Ses jambes ne le portaient plus assez sûrement pour qu'il continue. Les rhumatismes lui paralysent maintenant les genoux, pas la langue heureusement. Ah ! s'il pouvait, il retournerait à la braconne volontiers ! Mais rien à faire : il n'est pas suffisamment alerte pour encore tenter le diable. Et le diable, ma foi, il ne peut aujourd'hui que le tirer par la queue...

Rencontre du printemps 81.

Quand les bracos font la bombe...

Dans un café du val de Loire où nous déjeunions lors de notre quête aux souvenirs, un client particulièrement hâbleur indiquait à la jolie patronne comment il s'y prenait pour remplir ses bourriches près d'une fosse poissonneuse. C'était si simple et si prodigieux que la belle roulait des prunelles énamourées devant le héros !

Il versait dans une bouteille à limonade — de celles que l'on fermait à force avec un bouchon en porcelaine — un bon fond de carbure, puis il coulait une épaisse couche de sable, enfin deux verres d'eau en laissant le goulot vide. Il bouchait et lançait dare-dare sa grenade, sans l'agiter auparavant. Il n'avait pas le temps de compter jusqu'à quatre que le «cocktail Molotov façon braco» pétait déjà dans une éclaboussure formidable. Il récupérait ensuite les poissons, ventre en l'air et ouies éclatées, à l'aveniau (à l'épuisette). Mais attention : certains se sont fait arracher le bras dans ces combines-là ! Et la bistrote se pâmait d'une peur rétroactive derrière son zinc...

Les premiers faux pas.

«C'est l'année où j'obtins mon certificat d'études que je pris mes premières leçons de braconnage. Je venais juste d'avoir 12 ans et je passais mes vacances à garder les vaches dans une ferme. Je ne rentrais chez mes parents que pour dormir. Selon la tradition, c'était à la queue des vaches qu'un Solognot devait commencer son apprentissage d'homme pour finir sa métamorphose au régiment.

«Les fermiers braconnaient à qui mieux-mieux, discrètement, et les gardes — dont mon père — fermaient les yeux en reconnaissance d'un morceau de cochon, d'un bout de boudin ou d'un corbillon d'œufs... Je n'ai jamais

entendu dire, pas même par un garde-chasse, qu'il était malhonnête de tuer du gibier en cachette. C'était défendu, prohibé, tout ce qu'on veut, mais jamais le verbe «voler» n'a été employé à ce sujet !

«Un matin de pluie, j'entrai brusquement dans l'écurie et que vis-je ? Le charretier en train de lustrer le poil de huit garennes, après les avoir fait pisser en leur appuyant sur le ventre avec le pouce. Ils avaient des têtes énormes et les poils collés ; ils ressemblaient à des monstres.

«En me voyant, le charretier est resté figé. Etre découvert par le fils d'un garde lui paraissait très ennuyeux. J'ai parlé le premier.

— Ben dis donc, tu vas te faire des sous ! ai-je dit. Rassure-toi : je n'en causerai pas à mon père. Tu sais, il a fait ça avant toi, avec ses copains, quand il travaillait dans les fermes. C'est d'ailleurs avec des lapins à quinze sous que lui et Titi se sont achetés un vélo pour deux en se cotisant. L'un pédalait sur un kilomètre et l'autre suivait à pied jusqu'à l'endroit où l'attendait le vélo, pendant que le premier continuait à pied ; et ainsi de suite...

«Plus j'étais loquace, plus le charretier reprenait son sang-froid. Remis en confiance, il offrit de me payer un livre pour sceller notre complicité. Je choisis «Le tour du monde d'un gamin de Paris». Dès qu'il l'acheta, il en découpa les pages et les fit gonfler pour me donner l'impression qu'il les avait lues.

«Dès lors, je fis mon apprentissage en chambre, sur mon lit. Je m'exerçai à confectionner des «cravates». C'était facile. Il ne faut pas plier le fil de fer à l'équerre, car le gibier le casserait en se débattant. Une boucle trop petite n'attrape rien ; une boucle trop grande retient un lapin par les épaules, qui se débine avec. On doit attacher l'extrémité du collet à un rameau flexible et suspendre le nœud coulant à une quinzaine de centimètres au-dessus du saut de l'animal. Le lapin avance par petits bonds, enfile la tête dans la boucle qui se serre et l'étrangle.

«Je mis mon savoir en pratique un samedi, durant l'absence de mon père. Je tendis mes collets, tout en surveillant les vaches, dans les fourrés épineux qui bordaient un étang. Au matin, je trouvai la plupart de mes pièges défaits. Mais je ne me décourageai point et en trois

semaines, je réussis à prendre deux lapins. Je fis beaucoup mieux par la suite. Le charretier écoulait ma chasse et m'achetait des livres après les avoir feuilletés comme le premier. En 33, un lapin se vendait 2,50 francs, le prix d'un volume de la collection Jules Tallandier.

«A table, mon père parlait souvent à ma mère des rondes qu'il projetait de faire. Je dressais l'oreille et j'en informais mon ami le charretier. Quand je lui ai dévoilé la vérité vingt ans plus tard, mon paternel a bien ri ; mais s'il s'était aperçu de quelque chose au moment, il m'aurait certainement flanqué une sévère raclée !» (Lettre de M. Edgard Réthoré, de Puyoo-Bellocq-Ramous.)

Ainsi parlait Maurice Genevoix.

En Sologne, tout le monde affirme connaître, ou avoir connu, le véritable Raboliot. C'était un parent ou un ami de longue date. Or le Raboliot du roman n'a existé que dans l'imagination de l'écrivain. Voilà ce que nous déclarait Maurice Genevoix lors d'une visite que nous lui rendions aux Vernelles, en février 1975 :

«Qui était le véritable Raboliot ? La réponse est intéressante au point de vue création littéraire.

Regardez par cette fenêtre. Que voyez-vous ? La ligne bleue des bois solognots. La Sologne est là, toute proche. Je connaissais cette région. J'ai raisonné. Je me suis dit : je vais consacrer mon prochain livre à la Sologne ; je l'évoquerai dans son art, dans sa vérité profonde, comme j'avais fait déjà pour le Val de Loire... Mais la Sologne est une terre de chasse, une terre giboyeuse et secrète ; c'est une terre qui devait me conduire à l'évocation des chasseurs. Non pas du tirailleur des dimanches mais davantage du chasseur instinctif et libre. C'est-à-dire le braconnier, le chasseur d'une race de chasseurs, le chasseur insoucieux des lois, des codes et des permis !

Je me suis alors installé en pleine Sologne, chez un garde-chasse du territoire de Brinon-sur-Sauldre. A par-

tir de mon «quartier général», je me rendais au village pour y interroger les paysans, l'aubergiste, les régisseurs... Ce fut un véritable plébiscite : «Allez donc voir Carré, de son vrai nom Alphonse Depardieu !»

Un jour, un régisseur m'annonça la bonne nouvelle : il avait enfin réussi à contacter Depardieu et à obtenir un rendez-vous. Ça devait se dérouler à telle date, dans telle auberge, l'aubergiste étant d'ailleurs un de ses receleurs de gibier.

Un décor couleur locale. Je me suis assis là et j'ai commandé un litre de vin rouge et des œufs. C'était une coutume dans l'ancienne Sologne : on cassait les œufs frais dans le vin rouge et l'on touillait. Je réclamai ça parce que l'on m'avait prévenu : Depardieu appréciait la friandise. Hélas ! je n'ai rien goûté, non pas par fine bouche, non non ! mais parce que mon Depardieu n'est pas venu ! Il avait cédé à sa triple méfiance : paysanne, solognote et braconnière. Il avait dû ruminer en lui-même : «Qu'est-ce qu'il va dégoiser sur mon compte, ce gâs que je ne connais point ?» Et au dernier moment, il s'était dégonflé.

Je me revois dans cette auberge, à regarder le balancier monotone de l'horloge. J'avais beau scruter la porte, personne n'entrait. Déçu, je me suis rendu à l'évidence : Depardieu ne viendrait pas !

A partir de ce moment, ce braconnier insaisissable, quasi mythique, m'a obsédé. Je me suis mis à cristalliser les souvenirs des chasses de mon père, les souvenirs des paysans braconniers ou des garde-chasse que j'avais rencontrés. Peu à peu, tout cela a fait boule de neige autour de ce personnage inconnu. Et c'est ainsi que Raboliot a pris trait, sans rien emprunter réellement à Depardieu. Or, si ce dernier s'était présenté comme convenu, il m'aurait vraisemblablement perverti ; il m'aurait imposé ses particularités, son unicité. Mon Raboliot n'aurait pas été le braconnier-type, mais plutôt le reflet de Depardieu. Sans le savoir, je venais d'éviter le piège !

Dès sa parution, mon roman fut bien accueilli ; il obtint le Prix Goncourt en 1925. Eh bien ! il n'y eut pas un village de Sologne, entre Sauldre et Beuvron, d'où l'on n'ait vu surgir quelque braconnier prétendant m'avoir servi de modèle ! A commencer par Alphonse Depardieu qui s'était immédiatement identifié au personnage de mon livre... Je l'ai rencontré plus tard, par hasard, un jour qu'il «jouait» au Raboliot. Il ne m'attendait pas. Il fut d'abord gêné de me savoir là mais il se mit rapidement à l'aise dans son rôle...

Le mot «Raboliot» est désormais passé dans le vocabulaire populaire. Autrefois, on me confiait : «Raboliot est mon frère!» Aujourd'hui, on m'affirme : «Raboliot était mon oncle !» Le mot saute les générations ; il est désormais synonyme de braconnier. C'est courant de parler des «raboliots de Sologne», tout le monde comprend... Pourtant, malgré son succès, «Raboliot» n'est pas mon ouvrage préféré. C'est un livre qui eut de la chance, comme ces enfants qui naissent coiffés.»

PIERRE JULLIEN, DIT «PÉTRUS»,
FOUILLEUR D'ARGILE AUX MITAUDIÈRES (86 ans).

A l'inverse des paysans de la contrée qui grattaient le dessus de la terre d'un labour à l'autre, Pierre Jullien, lui, passait son temps à en creuser le dessous. Il travaillait en effet au fond des carrières de Villermain, au lieu-dit «La Croix de Sédenay», entre le bourg et le hameau de Poisly. Son métier consistait à extraire l'argile grasse que réclamait une manufacture de céramique installée à une vingtaine de kilomètres de l'endroit.

Cette fabrique avait été créée à la fin du siècle dernier, à Aulnay, par Alexandre Bigot, un émailleur de grand feu dont les grès flammés jouissaient d'une prestigieuse faveur, tant en France qu'à l'étranger. Comme Adrien Thibault, établi à La Chaussée-Saint-Victor, Alexandre Bigot s'était probablement inspiré des travaux du maître faïencier Ulysse Besnard qui, sous le Second Empire, tenait atelier dans le faubourg des Imberts à Blois.

Chercheur à la science reconnue et au talent couronné par de nombreuses distinctions, l'artiste devint peu à peu artisan puis industriel. Pendant l'entre-deux-guerres, l'usine d'Aulnay employait une trentaine d'ouvriers qui produisaient essentiellement des conduits de canalisation et de drainage.

Pierre Jullien était un de ces hommes au caractère

indépendant, qui ne supportent pas d'être commandés. Le travail de la carrière lui convenait donc à merveille. Chaque matin, il partait à vélo, le fusil en bandoulière. Car tout en fouillant, il ne se privait point de braconner peu ou prou dans les buissons d'alentour. Le soir, il rapportait ainsi, dans sa musette, un garenne ou un couple de perdrix. C'était toujours ça de pris. Un jour, il tua même un sanglier qui s'était échappé de la forêt de Marchenoir !

Oui-da ! on n'en faisait qu'à sa tête dans les tranchées de Sédenay. En période de sécheresse, on attendait patiemment sous la guitoune qu'une ondée providentielle veuille bien mouiller la glaisière ; si le soleil tapait trop fort, on poireautait de même, à plat-dos dans la friche d'un coin ombragé, la bouteille à portée de la main.

Au contraire, quand les pluies dégringolaient comme vache qui pisse, on s'abritait sous la cabane et l'on jouait aux cartes jusqu'à la fin du déluge. On était son maître, quoi. La direction de l'usine payait les fouilleurs au mois, compte tenu du volume d'argile fourni. Ce n'était pas si mal rémunéré en comparaison du salaire d'un charretier.

Avant d'ouvrir une fosse, les fouilleurs s'assuraient de la qualité d'une veine en la sondant à l'aide d'une tarière, la «cuillère». Puis ils retiraient la «découverte», la couche arable, et s'enfonçaient à la pelle et au pic jusqu'à toucher le banc de glaise. N'était retirée que l'argile bleue, jamais la jaune. Une fosse pouvait s'étirer sur plus de quatre-vingts mètres, moitié moins large que longue, et atteindre une profondeur de trois hommes debout.

L'argile était évacuée dans un wagonnet basculant qu'on remontait au moyen d'un treuil à double manivelle ; un quai de déchargement, contre lequel se rangeaient les camions à benne de l'usine, se trouvait en surface, au bout des rails. Ce treuil, qui rompait les bras des deux hommes, aurait brisé un malheureux à la moindre imprudence. La chose faillit arriver à notre Pétrus, un jour que son cache-col se prit dans les engrenages alors que le wagonnet dévalait en chute libre au fond de la carrière. Il en fut moins une que le bonhomme ne soit étranglé. Par chance, c'est l'écharpe qui craqua avant les vertèbres. Un coup de pot inouï !

La fouille cessait à la Toussaint, dès que l'eau noyait

L'équipe de la fosse à glaise.
(Collection Albert Ortlieb).

les fosses. Pierre Jullien et ses compagnons s'en allaient bûcher en forêt durant l'hiver. Ils ne revenaient qu'en mars. L'assèchement des carrières, qui s'effectuait avec une pompe entraînée par un moteur à essence, les occupait pendant une bonne semaine. Ensuite, ils rempoignaient pelles et pioches et tout recommençait.

Pierre Jullien se maria en 1922 avec la fille du café de Lorges, Yvonne Terrier, qui prit la succession de ses parents. Le bistrot était également cabine téléphonique. La vie coula ainsi jusqu'à la guerre, lui dans la carrière, elle dans la limonade. Mais à son retour de captivité en Allemagne, Pierre apprit que la fouille était définitivement abandonnée. Alors, il entra aux Ponts et Chaussées comme auxiliaire cantonnier, puis commissionnaire de mairie à Lorges.

Après l'avoir interrogé dans sa retraite des Mitaudières, nous nous sommes rendus à La Croix de Sédenay, par curiosité, pour y voir ce qui subsistait des anciennes carrières d'argile. La plupart ont été comblées lors de l'aménagement du carrefour des routes de Châteaudun et d'Ouzouer-le-Marché. Il n'en reste qu'un immense trou vaseux, aux bords envahis par les broussailles et les épines noires.

Quelquefois, à la belle saison, des taquineurs de poissons-chats vont y tremper leur gaule tandis que des amoureux s'y volent une saoulée de bécots, loin des regards indiscrets. Un fouilleur d'autrefois n'y reconnaîtrait pas sa fosse, j'en mettrais ma main au feu !

Rencontre de l'hiver 85-86.

JEAN EMY (90 ans)
NOUS PARLE DES CAILLOUTEURS DE MEUSNES.

Parisien retiré à Meusnes, Jean Emy s'installait dans une paisible villégiature lorsqu'il fut intrigué par les allées et venues, entre son jardin et la rivière, d'un estivant pas comme les autres. Cet étrange vacancier, en effet, passa une quinzaine de jours à fouiner dans les environs. C'était un éminent professeur tout droit débarqué d'une université des Etats-Unis, un certain Caryle Smith, qui cherchait à se documenter sur les armes anciennes, ou quelque chose d'approchant. Voilà qui ne manqua pas d'éveiller la curiosité de notre retraité. Pour quels motifs cet Américain s'intéressait-il de si près aux vieilles pétoires de cette orée du Berry ? Il y avait certes de quoi s'étonner. Jean Emy entreprit d'effectuer sa petite enquête. Et c'est en feuilletant une ancienne géographie qu'il découvrit le mystère de la contrée : jadis, le bourg de Meusnes s'honorait d'être la capitale incontestée de la pierre à fusil, rien de moins !

Pourtant, en cette vallée du Cher des années soixante, peu de gens gardaient souvenance de cette industrie passée. Quelques vieillards se rappelaient avoir entendu causer, dans le temps, d'un gagne-pain de ce genre, mais ils n'en racontaient rien que de très confus. D'ailleurs, le sujet ne passionnait pas grand monde. Le dernier des caillouteurs, le vieux Métivier, avait cessé d'éclater la pierraille une quarantaine d'années auparavant, au lendemain de la première guerre mondiale ; depuis lors, le temps avait enfoui son image jusqu'au tréfonds de l'oubli.

Jean Emy se mit à fureter dans l'histoire locale avec la frénésie d'un archéologue flairant un formidable site néolithique. Aussi étonnant que cela puisse paraître aujourd'hui, aucun historien n'avait consacré une étude détaillée à la question, bien que la pierre à fusil fût étroitement liée à trois siècles de conflits armés. De cartes minéralogiques en rares documents d'archives, de vagues témoignages oraux en outils exhumés du bric-à-brac des remises, Jean Emy parvint, à force de patience et d'obstination, à ressusciter des personnages et des gestes qu'on croyait perdus à jamais. C'est à lui, à ses connaissances et à son amabilité, que nous devons ce chapitre.

A en croire la légende, tout commença vers 1550, quand des voyageurs venus de Saintonge firent halte à Bellebas, en un hameau de la paroisse de Couffy. Remarquant que des silex de qualité abondaient à l'entour, ils en emplirent leurs fontes, à la sauvette, et se mirent aussitôt à les tailler sous la lune. Mais les croquants, qui avaient le sommeil léger, ne tardèrent pas à surprendre leurs manigances, à les épier dans les ténèbres, à les regarder faire, enfin à les imiter. Il n'en fallait pas davantage pour que la paysannerie trouve là un passe-temps qui, à défaut de l'enrichir, lui procurait une gratte pécuniaire à ne point négliger.

Le bourg de Couffy devint bientôt le centre principal de cette nouvelle activité. Les parages regorgeaient de ce silex blond et translucide, si précieux en armurerie, dont la cassure lisse paraissait assez dure pour pétiller en franches étincelles mais point trop pour ne pas endommager les platines des mousquets. A sa pureté naturelle s'ajoutaient l'habileté des faiseurs berrichons et, tout autant, le bon marché que les négociants savaient en tirer.

La chose s'ébruita. Les villages avoisinants misèrent sur ce succès naissant, partout où le sol l'autorisait, de sorte que l'espace de la caillouterie s'étendit rapidement de Maray à Angé, englobant les pourtours de Saint-Aignan, de Lye, de Fontguenand. On se mit à tailler dans les écarts de Paulmery, de Porcherioux, de Bois-Pontois, du Puits-de-Saray, de Luciou, de Vieilles-Barzelles, des Bourdebuses, de la ferme de La Viguière... Les paysans des autres provinces tâtaient eux aussi du cailloutage — ainsi en Champagne, en Charente, en Bourgogne, en Provence, dans le Nord, jusqu'aux barrières de Paris — mais nulle part ailleurs la fabrication des pierres à feu ne connut un essor comme en ces bords du Cher. D'ordinaire on se contentait de répondre à ses justes besoins domestiques, en briquets ou en fusils de chasse, sans jamais envisager la pérennité d'un commerce à enseigne.

Il faut bien penser qu'en ces époques où les souverains d'Europe envoyaient une déclaration de guerre plus souvent qu'ils ne signaient un traité de paix, la pierre à fusil constituait une munition indispensable, au même titre que la poudre et le plomb. Chaque état belligérant essayait donc de subvenir à la fourniture de ses régiments et d'assurer ainsi son indépendance militaire. Au soir de la bataille, les vainqueurs s'empressaient de ramasser les gibernes sur les cadavres ennemis avant même de secourir leurs blessés et de fossoyer les morts. Si les officiers paradaient avec une agate ou une opale au chien de leur fusil, ils remplaçaient vite ces pierreries étincelantes par un silex pyromaque dès que les clairons sonnaient l'attaque. Les châtelains trichaient de même pendant les parties de chasse.

La pierre blonde du Berry, qui garantissait l'autonomie cailloutière du royaume de France, ne manqua pas de susciter les convoitises au-delà des frontières. Les Anglais, bien entendu, furent les premiers à comploter, et pour cause. Le fameux Malborough, qui n'avait rien d'un personnage de faridondaine, réussit à capturer sur le champ de Malplaquet, en 1709, plusieurs fantassins nés natifs de Meusnes ; il les déporta dans les carrières siliceuses du Suffolk. Mais les malheureux, dit-on, bâclèrent le travail sans dévoiler leur science et ces damnés Anglais en restèrent pour leurs frais.

Entre-temps, le roi de Prusse Frédéric-Guillaume dépêchait un espion à Saint-Aignan, un armurier belge établi à Potsdam, du nom de Mathias Close. Le mouchard, qui parlait le français sans accent, parvint à s'informer sur l'art et la manière de tailler le caillou. Ce fut néanmoins peine perdue car la caillasse de Prusse ne se prêtait point à la façon berrichonne.

L'empereur d'Allemagne Joseph II, de son côté, profita des prémices de la Révolution pour avancer ses pions. Ses émissaires soudoyèrent un caillouteur de Meusnes appelé Thimothée Rochette, lequel consentit à les suivre moyennant une somme rondelette. Sa mère lui reprocha sa trahison mais le curé de la paroisse, qui pressentait probablement les désordres à venir, n'hésita pas à lui accorder sa bénédiction. Rochette partit en chaise de poste. Il devait reparaître au village quatre mois plus tard, à pied, son baluchon de trimardeur sur l'épaule, découragé par la médiocrité du sous-sol de là-bas.

Les conspirations suivantes n'eurent pas d'autre résultat. En 1821, deux négociants français établis en Belgique débauchèrent le sieur Jamet, caillouteur meusnois, et lui commandèrent d'implanter une taillerie à Mons : le bilan fut décevant, faute de silex adéquat. On prétend que le pacha d'Egypte Muhammad-Ali essaya lui aussi de dévoiler les arcanes de la pierre à feu du Berry, en vain comme de raison.

En vérité, nos caillouteurs n'entendaient point divulguer leurs secrets. A demeurer bouche cousue, ils éliminaient sûrement les menaces de concurrence étrangère. Ils faisaient donc mutisme sur tout : sur les endroits d'extraction, sur les méthodes de creusage, sur les procédés de taille. Ils se transmettaient leur savoir de parents à enfants sans rien en souffler à quiconque. Pas le moindre renseignement non plus à espérer des commissionnaires dont l'unique souci était de préserver une exclusivité commerciale fort avantageuse. On discutait de cela entre gens du pays, à mots chuchotés, jamais en présence d'un quidam de passage. Rien ne transpirait. C'est pourquoi aucun ouvrage ne put être publié à propos de cette énigmatique besogne tant que l'on s'y livra dans les parages de Meusnes. Et après, personne ne vit l'utilité d'un tel livre.

Au début de ce siècle, le cafetier de Gièvres, un bonhomme qui avait pourtant vent des mille potins du canton, avouait tout ignorer des tailleries qui ne se situaient qu'à trois lieues de son bistrot. Et quand Jean Emy interrogea un septuagénaire de Saint-Aignan, en 1964, le pépé lui confirma que des gaillards de Meusnes venaient souvent percer des «terriers de lapins» dans le ravin du château, autrefois, mais que ce n'étaient pas des gars causants. Jamais ils ne pipaient sur ce que devenaient les pierres qu'ils retiraient. Voici la preuve qu'à l'approche de la Grande Guerre, les caillouteurs observaient toujours la consigne du silence, en dépit du déclin de leur spécialité. Tant de cachotteries, nous le verrons sous peu, ne dissimulaient cependant qu'un ouvrage des plus primitifs !

Une brève leçon de géologie, voulez-vous ? La veine qui fit la renommée des pierres à feu du Berry, s'étire depuis la pointe du Danemark jusqu'au-delà du Poitou ; elle gît plus ou moins profondément sous divers pays, notamment au Grand-Pressigny, mais c'est dans les environs de Meusnes qu'elle s'étale à bonne portée de pioche. Ici, son «arrachage» ne demande qu'un fouissement de dix à vingt mètres.

Les beaux cailloux de silex blond — les «chailloux» en patois — dorment entre les couches crétacées. Hélas ! on bute fréquemment sur des bancs de chétives espèces. Ce sont des «giaunes» friables, des «grimeaux» biscornus, des «grinchus» difformes ou des «couenneux» enrobés de craie. Il y en a des rouges, des jaunes, des gris, des noirs, des bruns, des verdâtres, de toutes couleurs qui ne convenaient guère au commerce d'antan.

Pendant deux siècles et demi, jusqu'après la Restauration, la moitié des paysans de la région s'adonna donc au taillage des pierres à feu. En 1818, on recensait encore cent quatre-vingts familles de caillouteurs entre Selles et Saint-Aignan. Mais il ne s'agissait que d'une occupation d'appoint puisque le maigre salaire qu'on en retirait ne suffisait pas à nourrir une nichée. Le travail de la pierre complétait tant bien que mal celui de la terre, de sorte que le rendement des paysans-caillouteurs baissait de beaucoup en saison de moissons ou de vendanges. D'aucuns, à la faveur des guerres de la Révolution et de l'Empire, purent néanmoins exercer leur métier à plein temps.

Les tailleurs de cailloux vivaient modestement car leurs puits ne se changèrent jamais en mines d'or. La plupart d'entre eux ne possédaient même pas une masure ; ils affermaient leurs murs, leur ouche, trois lopins de petite culture et un carré de vigne à piquette. Ils devaient également louer leur «terre à cailloux».

Un droit de fouille coûtait bougrement plus cher qu'un bail de simple labour, ce qui contraignait les caillouteurs à s'associer. Les concessionnaires versaient la demi-somme en acompte à la signature de l'acte, par-devant notaire, généralement aux récoltes engrangées. Ils ne s'acquittaient du solde qu'en fin d'exploitation, sous réserve toutefois d'avoir déterré un bon filon ; sans quoi ils débattaient d'un prix raisonnable avec le propriétaire. Un droit de fouille portait habituellement sur une boisselée, soit un huitième d'arpent, pour la durée d'un an.

La prudence conseillait d'ouvrir deux puits simultanément, l'un en contrebas de l'autre : ainsi doublait-on ses chances d'échapper aux inondations provoquées par les pluies d'orage. Il était rare en effet qu'une averse noie toutes les excavations à la fois.

Les caillouteurs décapaient la surface du sol à la marre avant de foncer un entonnoir guère plus large que la margelle d'un puits à flotte. Ce «crot» plongeait ensuite en escalier, par décrochement d'une dizaine de pieds (trois mètres environ), jusqu'au gisement espéré. Cet étagement facilitait la remontée des matériaux tout en protégeant les mineurs d'éventuelles chutes de pierres. Une chaîne de pelleteurs, un homme à chaque niveau, évacuait la terre dégagée par le fouilleur. On approfondissait à la pioche mais on enlevait les déblais à la pelle en bois.

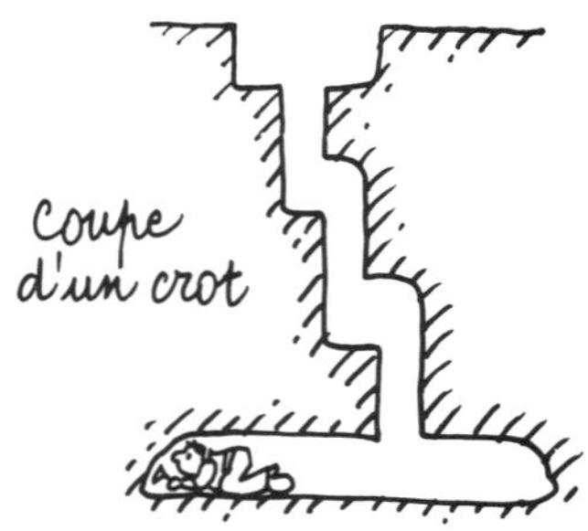

Pierre-Paul Bardon ébesille au fendeux pendant que sa femme Marie, née Augis, débite les coupiaux à la roulette.
Cette photo date de 1910 environ (Collection Gérard Bardon).

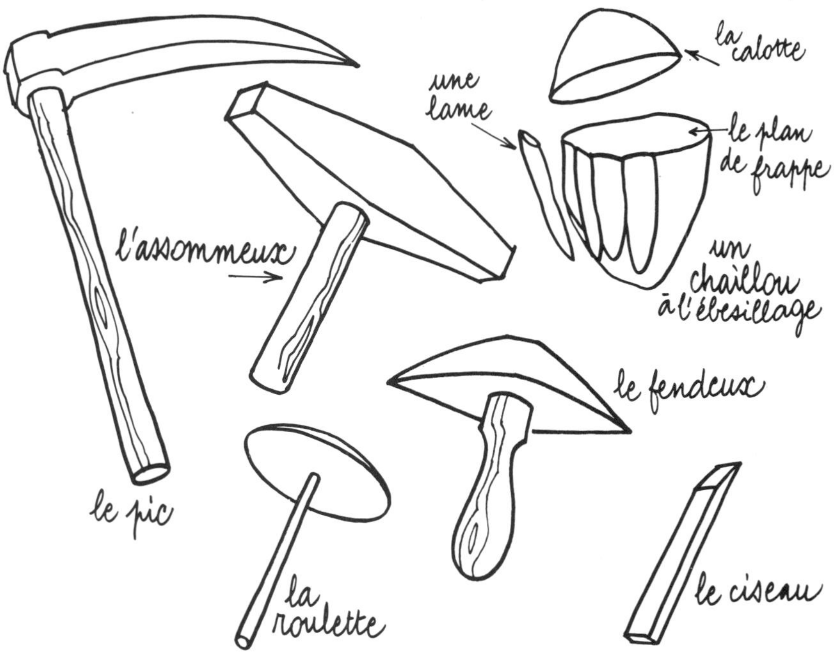

Le fouilleur conduisait un boyau horizontal dès qu'il touchait le filon. C'était la «cave», un trou de taupe voûté, haut de trois à quatre pieds, qui grignotait la strate de silex. On ne s'y glissait qu'à quatre pattes. D'autres galeries identiques seraient creusées en étoile, plus tard, et chacune d'elles se ramifierait de caveaux perpendiculaires. L'épaisseur d'une paroi de soutènement, entre les cavités, devait correspondre à une largeur de trouée. Ces «piliers» constituaient l'unique consolidation de la mine puisqu'on ne boisait pratiquement jamais.

Les fouilleurs s'insinuaient dans le crot en sautant de marche en marche ; ils n'en ressortaient qu'en s'arc-boutant des coudes et des genoux, à la manière des ramoneurs dans une cheminée. On n'introduisait une échelle qu'en cas extrême, lorsqu'un gars se sentait pris de malaise ou que les panerées à hisser se faisaient vraiment trop lourdes.

L'arrachage mobilisait une équipe de trois à six compagnons, selon la richesse et la profondeur du lit. Là encore il fallait un gars à chaque palier pour remonter les rognons, de main en main ou dans des paniers d'osier. On utilisait rarement un treuil, pour ne pas écrire jamais.

En fond de cave, les fouilleurs fouissaient à croupetons ou agenouillés, quelquefois à plat ventre, leur pic à manche court bien en main. Ils poussaient les gravois derrière eux, entre leurs jambes, et un galibot les en désencombrait à mesure. Les rognons étaient lancés au premier homme de la chaîne, qui faisait suivre, tandis que le rebut obturait les enfonçures abandonnées. Tout ce travail s'accomplissait à la lueur d'une bougie soudée à un moellon par une bavure de suif. Un caillouteur ne s'arrêtait de piquer qu'à l'étouffement de sa chandelle, quand il peinait à respirer lui-même. L'ouvrier engagé à l'arrachage gagnait ses quinze sous par demi-journée, de quoi s'acheter trois livres de pain.

On creusait par «bordée» de trois ou quatre heures. En principe le lundi matin, une descente suffisant à fournir assez de silex à tailler pour occuper cinq ménages pendant une semaine. On fouillait à jeûn, c'était la coutume. Tôt en matinée l'été, par crainte des chaleurs. Les chailloux remontés au jour étaient partagés en lots au moment de quitter le crot et attribués par tirage au sort. Chacun emportait son butin, à dos d'homme ou à dos d'âne, dans la grande bouille d'osier qui lui servait à hotter le raisin.

De retour à la maison, les caillouteurs cachaient leur piètre trésor sous une niche de jonc afin d'éviter sa totale dessiccation. Il importait en effet que les cailloux «ne suent pas leur eau de carrière» car secs à l'excès, ils se fragmentaient sous le marteau. En hivers rigoureux, quand la gelée se plaît à fendre les pierres, on rangeait son silex en retrait de la cheminée, dans la tiédeur de la pièce commune. Ces précautions à ne jamais omettre obligeaient les caillouteurs à la sagesse : ils n'extrayaient que la juste quantité nécessaire à leur huitaine, point trop ni trop peu, et ils ne gaspillaient sottement ni leurs filons ni leurs efforts.

Quand les veines de la vallée s'épuisèrent à la fin de l'Empire, les caillouteurs de Meusnes durent élargir leur prospection jusque sur le canton de Valençay. Ils s'éloignaient le lundi à l'aurore, en carriole, et ne revenaient qu'au soir avec leur provision de cailloux. La configuration des lieux leur permit alors de creuser des fosses à ciel ouvert. Ils partaient quelquefois par familles entières, éclataient les rognons sur place, au bord de la tranchée, et ne rentraient qu'avec les lames utilisables.

Les caillouteurs, qui étaient tenus de combler leurs carrières désaffectées, rebouchaient les crots avec la rocaille et la terre qu'ils y avaient puisées ; mais l'endroit en restait tellement bouleversé que le propriétaire devait le laisser en repos pendant une couple d'années avant d'y risquer la charrue ! Cette jachère forcée justifiait les droits de fouille dispendieux.

Si la corvée d'avulsion ne fatiguait que les hommes, la taille des pierres à feu requérait en revanche la participation de la maisonnée entière, femme comme enfants. Un gamin aidait ses parents dès sa dixième année ; il débutait par le découpage des grolles à briquet, dont la facture était moins soignée que celle des silex à fusil.

L'outillage, forgé par le maréchal du village, se composait d'un marteau pesant le kilo, à têtes carrées : l'assommeux ; d'un autre, mi-lourd, à deux pointes : le fendeux ; et d'un disque d'acier non trempé, bombé et coupant, large comme un écu de six livres (soit d'un diamètre de deux à trois pouces) : la roulette.

Une simple bille fendue faisait office de table. Montée sur quatre pattes grossières, elle se perçait en son centre d'une encoche où se logeait un ciseau — bien souvent une vieille lime ébiselée — calé à vingt degrés par un coin de bois. Une alignée de «paillons» tressés à la ronce entourait cet établi rudimentaire : d'un côté les corbeilles contenant les éclats, de l'autre celles à remplir de pierres taillées.

L'homme se cutait par terre, les cuisses sous son tablier de grosse toile, tandis que la femme s'asseyait sur une chaise basse, derrière le billot. Le premier détachait les lames du chaillou, la seconde débitait ces lames en pierres.

Le caillouteur sondait d'abord les rognons en les tapotant de son marteau, et il rejetait tous ceux qui sonnaient creux. Puis il «découennait» les chailloux de leurs impuretés corticales et les décalottait d'un coup d'assommeux. Le plan de frappe obtenu permettait l'ébesillage. Cette opération consistait à écailler le noyau, à l'aide du fendeux, en lames appelées «coupiaux». C'étaient ces éclats, longs d'une vingtaine de centimètres, que la femme sectionnait en pierres à feu sur le ciseau de son billot, à la roulette. Elle en «raffilait» l'aiguisé ou en arrondissait le talon selon les formes à respecter.

Une personne débitait près de deux mille pierres dans sa journée à raison d'une cinquantaine par chaillou. Chaque arme réclamait sa forme de pierre appropriée : les frustes pour les escopettes à la chenapan, les minces pour les mousquetons de la gendarmerie, les délicates pour les pistolets de poche ou de manchon. On distinguait une vingtaine de modèles en tout : les double-mèche (deux faces biseautées) destinées à l'exportation, les talons ronds réservés à l'armée, les palets pour les fusils de rempart et les boucanières, les flins pour les carabines de chasse, les culs-longs, les cornues, les niolles, les carrées, les grolles et tutti quanti...

Les trognons joliment décortiqués étaient parfois vendus comme presse-papiers aux notables du pays. Jean Emy assure avec malice qu'on peut en admirer quelques-uns dans les collections paléolithiques de certains musées, où ils sont exposés sous l'étiquette *«nucléus du Magdalé-*

nien». Cette confusion s'explique d'autant mieux que les caillouteurs reproduisaient d'instinct les gestes des chasseurs de la préhistoire. Ainsi Jean Emy parle-t-il volontiers du «deuxième âge du silex taillé» lorsqu'il évoque la période cailloutière de la vallée du Cher.

Le négoce se déroulait le samedi, par tradition. Les caillouteux ensachaient leurs pierres dans des «couettes», dans des sachets de drap, en les comptant par «jetées» de cinq, et s'en allaient les proposer aux courtiers réunis sur la place des villages.

Ces marchands, qui s'intitulaient abusivement «fabricants de pierres à fusil», jouissaient d'un monopole rémunérateur. Ils tenaient boutique dans les bourgs ou dans les hameaux de gros rendements, et ils payaient les pierres achetées, le lendemain dimanche, à la sortie de la messe. Un prix de misère, évidemment. Deux à dix francs le mille vers 1800, selon les catégories ; vingt sous seulement pour les grolles à briquet.

Les commerçants traitaient avec les pourvoyeurs et les trafiquants du monde entier. Ils alimentaient sans distinction les troupes françaises, leurs alliés et leurs ennemis. Le profit ignore les scrupules patriotiques. Or le silex du Berry était si recherché que les marchands ne couraient jamais après les acquéreurs. Ils expédiaient les pierres dans de vieux tonneaux récupérés chez les pinardiers des environs.

Mais il rôdait également par le pays de soi-disant colporteurs qui, munis d'un passeport de complaisance, battaient la campagne dans l'espoir d'empocher une bonne glane. Des contrebandiers, bien sûr. Les Bretons approvisionnaient l'Angleterre et les insurgés des Amériques ; les Lorrains se tournaient vers la Prusse et l'Autriche. Les caillouteux ne se faisaient guère prier pour leur céder quelques couettes, d'autant que les bougres se montraient beaucoup plus généreux que les marchands patentés. Les transactions clandestines se concluaient la nuit, cela va de soi, en cachette de la maréchaussée.

Dès 1794, le Comité de salut public réagit en déléguant un agent comptable dont la mission était de se fournir directement auprès des caillouteurs, à la barbe des marchands. Les bâtiments municipaux de Meusnes et de

Saint-Aignan furent réquisitionnés et aménagés en magasins d'artillerie.

Les armées de la Révolution et de l'Empire n'acceptaient en effet que le silex blond du Berry. Les vaillants soldats de l'An II usèrent dix millions de pierres, soit le tiers de la livraison annuelle. La fabrication berrichonne atteignit les cent millions cinq ans plus tard. Durant les campagnes napoléoniennes, les cent soixante-huit caillouteurs de Meusnes en écoulèrent, à eux seuls, vingt-cinq millions par an, uniquement par le biais de l'intendance militaire !

La production devint telle que les voyageurs de passage béaient d'étonnement devant les tas de débris qui dominaient les maisons. Ces monticules s'élevaient parfois à trois hauteurs d'homme sur une longueur de soixante-dix mètres. *«Les champs circonvoisins, les chemins et les rues du hameau* (de Porcherioux), écrivait François Deleau en 1884, *sont littéralement couverts de ces déchets tranchants qui coupent les chaussures et privent les habitants de marcher nu-pieds pendant la belle saison.»*

Las, ces résultats surprenants n'améliorèrent pourtant guère le sort quotidien des caillouteurs. On s'éreintait à la tâche sans jamais saisir la fortune. Les accidents se répétaient fréquemment. Les crots s'effondraient après les gelées et les pluies provoquaient le glissement de ces maudites couches argileuses qu'on nommait les «savonnettes». Une cave s'éboulait souvent sur ses piocheurs et les ensevelissait vivants, comme pour les punir d'avoir creusé leur propre tombeau. Ailleurs c'était un tassement qui étouffait un fouilleur, plus loin un affaissement qui en estropiait un autre, ou un écroulement qui écrabouillait toute une équipe...

Et puis les maladies, avec ça ! L'humidité des galeries et les pénibles postures vrillaient de terribles rhumatismes dans les membres des fouilleurs. Les hommes sortaient du crot la chemise trempée de sueur, et une mauvaiseté leur détraquait bientôt la poitrine. On les voyait tousser, cracher, suffoquer ; un matin, on apprenait qu'ils étaient morts de tuberculose.

A la taille, c'était pour ses yeux que l'on tremblait. Un

éclat avait tôt fait de vous éborgner. Certains se confectionnaient des lunettes avec du grillage mousseline ; mais ils ne voyaient plus clairement, leurs lorgnons sur le nez, et les marchands prétendaient que la finition du travail en pâtissait. Ce qui signifiait un manque à gagner au bout du compte. Entre le risque de se crever un œil et la certitude de perdre quelques sous, on n'hésitait guère ; alors on repliait ses lunettes, tant pis.

Et surtout, entre toutes ces misères, on craignait la «caillotte», la silicose des caillouteurs, une malédiction qui rongeait les poumons et qui laissait peu de chance aux caillouteurs de fêter la quarantaine. On avait beau implorer saint Roch, le patron au nom prédestiné, les prières ne remédiaient quasiment à rien. C'était à croire que le silex se vengeait en étouffant les caillouteurs qu'il n'avait pas réussi à écraser dans le crot.

Le commerce périclita après la défaite de Waterloo pour reprendre avec la conquête de l'Algérie et les expéditions coloniales. Mais la demande se réduisit considérablement en 1840, date à laquelle le système à amorce supplanta la batterie à pierre dans l'armement. Alors on tailla quelques lames de «djaroucha», qui sont des faucilles à dents de silex utilisées en Asie Mineure, mais cela ne mérite d'être noté que pour l'anecdote. En vérité, le «deuxième âge du silex taillé» était sur le point de s'achever.

A la Belle Epoque, un joaillier de Saint-Aignan tenta de lancer la mode des bijoux en jaspérine, breloques qu'il faisait fabriquer en Allemagne avec le silex jaspé des alentours. L'idée n'obtint qu'un succès mitigé. Finalement, ce fut le curé de Meusnes qui la reprit à son profit pour renflouer la caisse de ses œuvres paroissiales. Les rares familles qui continuaient de caillouter, à la veille de 14, étaient les Bardon, les Besson, les Chuet, les Gibault, les Métivier et les Vaillant. Il n'y avait qu'en Belgique qu'on fabriquait toujours des armes à silex, dites «de traite». Le tout dernier marchand de pierres à fusil, un certain M. Plat, de Villetrois, lâcha son affaire en 1928. Et la mémoire de la contrée enterra peu à peu, au profond des crots oubliés, le souvenir de cette vocation surannée...

Jean Emy peut être considéré comme le mainteneur

de la caillouterie dans la mesure où il dut remployer la roulette pour satisfaire plusieurs musées de batailles et diverses associations de chasseurs à l'arme ancienne*. Mais à Meusnes, de nos jours, la pierre à fusil ne semble plus qu'une bizarrerie de l'Histoire. Certes on y a consacré une petite exposition permanente dans un recoin de la mairie — c'était bien le moindre des devoirs envers les ancêtres — mais il n'y a vraiment que les viticulteurs qui aiment à discourir sur le sujet. Pas pour s'attendrir sur le pauvre destin des caillouteurs de naguère, non, seulement pour vanter ce «goût de pierre à fusil» qui embellit la réputation de leurs vins ! Le bizness d'abord.

Or cet argument publicitaire fait tiquer Jean Emy. Car le beau caillou blond ne peut pas refléter le soleil sur les grappes en véraison puisqu'il ne se trouve point à fleur de terre ! Il vaut mieux en rigoler, bien entendu : ce n'est pas la première fois que la réclame invente de ces cocasses charlataneries et ce ne sera certainement pas la dernière non plus. Vidons plutôt nos verres, amis, et fi du slogan fallacieux pourvu que le vin soit bon !

Rencontre du printemps 84.

---

* Les collections de Jean Emy sont actuellement visibles au Musée de la pierre à fusil de Luçay-le-Mâle, dans l'Indre, dont elles composent le fonds.

Jean Emy est également l'auteur d'un ouvrage intitulé «Histoire de la pierre à fusil», réalisé en 1978 par l'imprimerie Alleaume à Blois.

Lu dans «La nouvelle géographie historique du département de Loir-et-Cher» par M.A. Pinet (Librairie Ducrocq, Paris 1860) :

«On exploite, dans le département de Loir-et-Cher, (...) des carrières de silex pyromaque les plus considérables de France. Ces carrières sont situées dans les communes de Meusnes, de Saint-Aignan, de Noyers et de Couffy ; elles s'étendent dans le département de l'Indre. Les cailloux propres à être taillés en pierres à fusil se trouvent par bancs horizontaux, à la profondeur de 14 à 16 mètres, dans une terre crayeuse et marneuse, molle et gélatineuse ; ils sont couverts d'une croûte crayeuse, fine et très spongieuse, blanche, jaunâtre ou rougeâtre, suivant la couleur du caillou qu'elle renferme, de 9 à 27 centimètres d'épaisseur. Les pierres les plus communes dans le département sont les jaunes et les grises.»

DES MACHINES ET DES HOMMES.

La javeleuse.
(Collection Muguette Rigaud).

Les calvégniers durent battre en retraite devant le machinisme dès la fin du siècle dernier. *«Présentées à l'Exposition universelle de Paris en 1878,* mentionne Muguette Rigaud dans son livre «Le Loiret autrefois» (éditions Horvath, Roanne 1985), *les faucheuses-javeleuses à un cheval et quatre râteaux, ou à deux chevaux et cinq râteaux, ne se vulgarisent que vers 1890 dans nos régions»*.

Mais la javeleuse ne pouvait que faucher et andainer. Il fallait toujours gerber le chapelet de râtelées que ses longs bras étiraient derrière elle. Les fermiers recrutaient alors les petites mains du village, les lingères et les couturières. Les cultivateurs devaient également dériver leurs champs à la faux pour éviter que l'attelage ne foule la passée du pourtour. Néanmoins l'amélioration était considérable.

La faucheuse-lieuse apparut une dizaine d'années plus tard. Dorénavant la machine se chargeait aussi du bottelage. Pourtant on douta de sa fiabilité quand on constata que cet engin, outre son prix d'achat qui demandait réflexion, ne «chiait que des gerbes mal serrées». Les systèmes de liage, au début, n'étaient guère au point. Un perfectionnement s'imposait. Et puis il convenait toujours de dériver. En contrepartie un cultivateur n'avait plus à entretenir un régiment de moissonneurs ; c'était ça d'épargné sur les tracas et la nourriture.

Les premières faucheuses-lieuses étaient de fabrication américaine. Autant par économie que par méfiance, les agriculteurs se regroupèrent à plusieurs pour en acquérir une. Leurs réticences s'estompèrent petit à petit. Le progrès était maintenant en marche ; il n'autorisait plus aucun retour en arrière, aucun regret, aucune nostalgie. L'usage de la faucheuse-lieuse se banalisa à la veille de 14 ; la plupart des exploitations possédaient la leur dans les années vingt. Les tracteurs se tarderaient plus à effaroucher les attelages des charretiers. La paysannerie traditionnelle, soudain agitée par les idées du modernisme, abrogerait bientôt le règne du cheval.

L'avènement de la moissonneuse-batteuse marqua une évolution décisive. La toute première qu'on aperçut dans la région, de marque Mac Cormick, fut achetée en 1934 par Léon Pousse, le fermier de «Bois d'Enfer», près de Saint-Laurent des Bois (cf. *«Ils étaient de leur village»*, Jean-Cyrille Godefroy édit., Paris 1988). Cependant il faudra attendre les dernières années cinquante pour que ces monstres, devenus automoteurs, supplantent tout à la fois les faucheuses-lieuses et les batteuses de grand-papa.

Depuis des lustres déjà, les faux avaient rejoint les faucilles ancestrales au rayon des antiquités.

En privilégiant le machinisme au détriment des besogneux quasiment corvéables, le monde des campagnes acceptait par contrecoup, sans vraiment en mesurer les conséquences, de se libérer des mentalités arriérées qui l'asservissaient depuis le Moyen-Age.

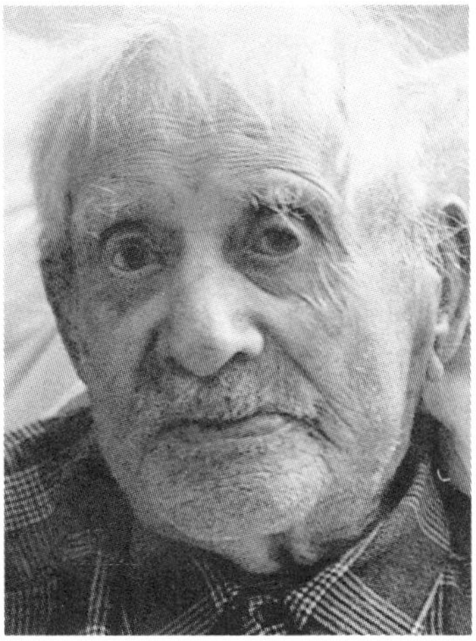

LÉON BRETON, DE LAVAU (95 ANS), SE SOUVIENT DES FAUCHEURS D'AUTREFOIS.

En ces époques où les étables étaient pleines de bestiaux, les cultivateurs commençaient à couper leur trèfle incarnat courant mai. C'était le farouch, le «faraud» qu'ils donnaient à consommer en vert dans les râteliers. Ils en laissaient grener une partie qu'ils vendaient ensuite en semence.

Il s'agissait d'un travail ingrat qui ne procurait qu'un méchant bénéfice. En effet on devait coucher sa récolte à la pointe du jour, à la rosée, pour ne pas «l'égrémiller» sous la faux. Plus d'un gars solide y perdit la santé. On revenait en nage à la maison et la moindre brise glaçait les sangs dans la fraîcheur du matin. Nombreux furent ceux qui attrapèrent un «achauferdi» en ces moments-là, au point que plusieurs en moururent. Car souvent une pleurésie se déclarait peu après, quelquefois même la tuberculose. En ces temps, on n'en réchappait guère. «Le pauvre Machin souffre de la cocotte», disait l'un ; et tous les autres comprenaient qu'une famille serait bientôt en deuil.

On ne connaissait pas grands remèdes à ces maux, jadis. Le médecin préconisait un repos total de quatre à six mois durant lequel le patient ne devait pas mettre le nez dehors avec l'ordre, surtout, de manger gras pour ne pas dépérir. Bien sûr, il lui fallait engager des saisonniers qui abattraient le boulot à sa place. Un cruel manque à gagner, donc, et bien content encore quand le malheureux n'en passait pas l'arme à gauche !

Les faucheurs arrivaient dans la première semaine de juin, sitôt la saint Médard fêtée (bien que ce bienheureux fût leur patron, il n'y avait là qu'une simple coïncidence). Ils venaient fourrager les foins qui seraient engrangés, secs, en mangeaille d'hiver : le sainfoin, la vesce, le trèfle jaune ou noir, le lupin, la luzerne... On les surnommait les «calvégniers».

Ces journaliers se présentaient par équipes de deux, généralement en couple. L'homme fauchait tandis que la femme ramassait. Certains vivaient dans le pays ; d'autres rappliquaient du Limousin, du Perche ou de Bretagne. Quelques-uns, de pauvres hères, paraissaient très attardés. «Après la Grande Guerre, se rappelle mon voisin Georges Forhan, il vint par chez nous un Belge qui ne savait même pas utiliser la faux. Il se servait encore d'une faucille à scier comme celle que maniait le grand-père de mon grand-père !»

Ces faucilles au croissant largement ouvert, à la lame mince et dentelée, n'avaient plus cours depuis belle lurette dans nos régions. A les employer on ne malmenait pas les épis trop mûrs, certes, mais on n'avançait guère en besogne. On leur préférait évidemment la faux, même pour les trèfles à graine. Le souci du rendement, déjà. Les moissonneurs ne conservaient l'usage du faucillon que pour les seigles dont ils destinaient les longues tiges à la fabrication des liens, des corbeilles, ou au rempaillage des chaises.

La journée de fenaison débutait à l'aurore, sur le coup des trois heures et demie. Un honnête faucheur ne déjeunait point tant qu'il n'avait pas étendu un arpent de prairie (cinquante ares environ). A six-sept heures, la fille de la maison apportait le panier de victuailles. On avalait une fromagée, un bout de lard salé et une tartine de rillettes, une gorgée de vin pour faire couler le tout ; puis on se remettait à la tâche jusqu'à midi, les hommes balançant régulièrement leur faux, les femmes réunissant les aindains en javelles, derrière, à l'aide de leur fauchet. D'aucunes liaient ces «sangles» en «mouillettes», en bottes coniques qu'elles attachaient par le sommet avec un tortillon d'herbe avant de les aligner debout. Le foin n'était entassé en meulons qu'après un fanage de trois ou quatre jours, selon le hâle de la saison.

La fille de la maison reparaissait à midi avec son panier. On s'accordait une ronflette d'une heure avant de rattaquer l'ouvrage. A quatre heures on goûtait d'un morceau de fromage. Le vin était sévèrement contingenté par la maîtresse.

Les faucheurs et les ramasseuses ne regagnaient la ferme qu'à la tombée de la nuit, dans les senteurs enivrantes du foin coupé qui enchifrenaient les uns et chaviraient la tête des autres. Ils soupaient avec les domestiques — du rata au cochon — et s'installaient ensuite dans la litière des bergeries. En cette période de l'année, les moutons restaient à brouter dans la plaine.

Le rentrage des moyettes s'effectuait après une semaine de séchage. La voiture et ses ridelles disparaissaient complètement sous la charge échevelée qui pendouillait de tous côtés, malgré un rapide peignage à la fourche au moment de quitter le champ. Le comble de la malchance était lorsqu'un tourbillon de vent décoiffait la charretée ; le pire quand il se mettait à pleuvoir. Dans l'un de ses poèmes, Gaston Couté raconte la triste soirée de noce d'un gars qui, voyant le ciel se brouiller de nuées, néglige sa mariée éplorée — une petite boutiquière de la ville — pour ne consacrer ses ardeurs qu'au «foin qui presse» !

On salait le fourrage tous les deux lits, au fur et à mesure qu'on l'engrangeait. Cela assurait une meilleure conservation de l'affenage. Mais si les mulons n'avaient pas suffisamment «sué» sur champ, le fermier devait craindre une fermentation qui menaçait de gâter toute sa fenaison. On prétend même qu'un tas de foin pouvait s'échauffer au point de s'enflammer et que cette malchance avait déjà ruiné plusieurs fermes.

La rentrée de la mangeaille ne devait pas déborder la fin du mois de juin. Car le premier jour de juillet, par tradition, le fermier ne pensait plus qu'à sa moisson qu'il convenait d'entamer sans tarder. Alors les saisonniers battaient leur faux, les femmes rappointaient les dents de leur fauchet qui s'étaient émoussées, toute l'équipe enfin repartait en besogne dans la plaine aux ors ondulant sous le soleil de l'été. Les calvégniers devenaient alors les «aoûtrons».

C'étaient donc les mêmes journaliers qui, sitôt la fenaison engrangée, fauchaient les moissons. Dans les grosses fermes, le personnel employé au terme ne collaborait que très rarement à cet ouvrage pénible. On couchait d'abord les seigles, puis les escourgeons, les blés et les orges, enfin les avoines.

Départ à trois heures trente, comme pour les foins, mais avec une lichette de goutte dans le gosier, en prime, pour se donner du cœur au ventre. Le premier soin du faucheur était de battre sa faux, chaque matin. Il s'asseyait sur le talus de chaintre, fichait son enclume en terre, entre ses genoux écartés, et martelait patiemment sa grande lame, minutieusement, à tapotements mesurés. Le tranchant convenablement aiguisé, le faucheur remmanchait sa lame et en refixait le harnais, le rabattoir à trois longues et fines dents de bois. Son fauchon était prêt pour la journée.

Une ferme importante embauchait de cinq à huit hommes de fauche, et autant de ramasseuses. Les faucheurs tournaient autour du champ en file décalée, à la même cadence. Un pas, un coup de faux ; un pas, un coup de faux. Au bout de cinq cents pas, ils s'arrêtaient pour raffûter le fil de leur lame à l'aide de la pierre qui, engainée dans le «goguet» qu'ils s'accrochaient à la ceinture, leur grelottait continuellement au dos (souvent une corne de vache remplie d'eau fournissait le coffin idéal). Puis ils repartaient de plus belle. Un pas, un coup de faux ; un pas, un coup de faux... Dans sa journée, un calvégnier coupait ainsi un bon arpent, surface qui rapporterait une dizaine de quintaux au battage.

Chaque faucheur était suivi d'une ramasseuse. Cette dernière, tout en glanant, javelait les sangles de sa faucille ou d'un fauchet. Deux javelles formaient une gerbe ; et gare aux chardons !

Le faucheur bottelait derrière la ramasseuse, au lien de seigle comme nous l'expliquera Georges Forhan dans le

La faux et le marteau.
(Collection Muguette Rigaud).

chapitre suivant.

En cette période de labeur éreintant où il ne s'agissait pas de mollir, les repas étaient plus copieux que ceux de la fenaison. En quantité s'entend, nullement en qualité. Du cochon, encore et toujours, du rata et du fromage. En revanche, la maîtresse ne chipotait plus sur les rabiots de tambouille.

Question vin, c'était une autre paire de manches : chaque aoûtron recevait son litre quotidien, pas une goutte supplémentaire. Moitié au déjeuner, moitié au goûter. La bonne apportait cette ration dans des pots en grès appelés «geigneux» — un mot qui évoquait bien sûr les plaintes que poussaient les ouvriers en touchant une si faible part. Ensuite, ils devaient se satisfaire d'une piquette rosie d'un filet de picrate, quelquefois même d'une giclée de vinaigre !

Les équipes de la fauchaison mangeaient toutes ensemble sur le champ, à l'ombre de quelques gerbes dressées en abri. Les pots à boisson se gardaient au frais sous la paille. La bonne transportait les aliments dans des récipients de terre qui, emboîtés, constituaient un porte-à-dîner muni d'une anse. On déjeunait à sept heures, on dînait à midi et on goûtait à quatre heures. Le souper était servi à la ferme. Partis avant l'aube et rentrés après le crépuscule, les faucheurs ne se reposaient que pendant l'heure de la méridienne. Malgré ces journées de quatorze heures minimales, ils revenaient toujours avec une chanson aux lèvres, autant pour allonger la jambe que pour oublier leur lassitude...

Le bottelage achevé, les faucheurs et les ramasseuses construisaient leurs alignées de «terriaux». Un tas se composait de cinq, six, neuf, treize ou dix-sept gerbes disposées en croix. La précaution principale était de ne jamais coller les épis contre le sol afin d'empêcher qu'ils ne germent. La gerbe de coiffe, fortement inclinée, protégeait l'intérieur de la moyette des pluies éventuelles.

Au contraire des autres céréales, les avoines n'étaient pas mises en tas. Les paysans ne les rentraient qu'après les avoir laissées sur les chaumes, en brassées ou en faisceaux, pendant une huitaine, le temps que leurs épis se noircissent sous la rosée. Cette façon de procéder bonifiait le grain que l'on réservait à l'alimentation des chevaux et des poules.

On effectuait le rentrage des terriaux le plus tôt possible, par crainte que les hargnes orageuses ne causent du gaspillage. Les charretiers équipaient les gerbières de cadres, de hautes ridelles, et tous les gens disponibles participaient au voiturage. On comptait trois chevaux et trois personnes par charrette. Le tasseur et deux broqueteurs. Le chargement était maintenu par un cordage, la lieuse, que l'on serrait au pouliot. C'était évidemment la honte du tasseur lorsqu'une des voiturées venait à s'écrouler en chemin.

Je ressens encore le plaisir que j'éprouvais, gamin, à me percher tout là-haut avec ma sœur, au retour. Nous nous amusions à voler une poignée de noix vertes quand la gerbière passait sous un calotier et nous riions de recevoir la gifle d'un branchage en punition. Le brou nous salissait les doigts. Nous mâchouillions aussi quelques grains de blé à défaut de véritable cheving-gum.

Les granges et les hangars bourrés à craquer, on bâtissait les meules, rondes ou rectangulaires, aux abords de la ferme, sur les pâtis immédiats. Dans leurs flancs s'étageaient les niches des broqueteurs, les «chaises». Là encore je me souviens de mes vacances d'écolier, quand mon père me réquisitionnait — rarement — pour approcher les gerbes sur la bauge. Armé d'un broc (bident) plus haut que moi, je devais lui présenter les gerbes que me lançait le broqueteur de la chaise — mon grand-père Camille. Et régulièrement je me faisais houspiller parce que je passais les bottes n'importe comment, sans prendre garde à leur position, la mèche tantôt d'un côté, tantôt de l'autre. «Sacré bernassier !», me criait-on. Moi je n'avais qu'une idée : me sauver et m'en aller courir dans les bosquets à la tête d'une bande de brigands en culottes courtes. Ce qui ne tardait jamais. Ma mère montait bientôt me relayer. «File maintenant ! Tu mets tellement de mauvaise volonté que tu empêtres plus que tu n'aides !» Alors je m'échappais sans qu'on ait besoin de m'y inviter deux fois. On dira ce qu'on voudra : se barbouiller la frimousse au jus de mûres reste beaucoup plus marrant que se piquer la tignasse avec des brins de paille, surtout pour un galopin de quatorze ans !

Voici bougrement longtemps, les fermiers commandaient aux maçons du pays de venir couvrir leurs meules avec de la paille prélevée d'un chaumier de l'année d'avant. On auréolait ensuite le faîte de la couverture d'une vieille jante de tombereau que l'on assujettissait avec des pieux, des fils de fer et des grosses pierres. Plus tard, on camoufla les meules sous un double pan de gerbes rangées à clin, sous une bâche ou sous des tôles.

Si par une déveine les récoltes étaient entassées humides, on empilait des sacs de bale au centre de la meule en guise de conduits d'aération.

La dernière voiture du rentrage prenait parfois les allures d'un char de cavalcade. Les charretiers la fleurissaient de coquelicots, la paraient de ramures. La dure besogne se terminait enfin. Personne n'en était mécontent.

Dans certaines fermes, on fêtait l'événement par un festin que la cuisinière préparait pour le souper du samedi en suivant. Dans d'autres maisons, le personnel mangeait seulement «un peu moins mal que d'habitude», sans ripailler pour autant. Il y avait du lapin en civet au lieu de l'inévitable cochon, parfois même du gâteau, et toujours du vin à satiété. Exceptionnellement les maîtres consentaient à s'attabler en compagnie de leurs ouvriers.

On blaguait, on chantait, chacun plaisantait de la besogne qui l'avait usé encore un peu plus. Mais ces bombances ne duraient qu'un soir car on affainéantissait la domesticité à trop l'engraisser, bien évidemment. Le lendemain matin, tout était desservi.

Jadis, la dernière gerbe rentrée était offerte au curé de la paroisse. En plusieurs contrées, les prêtres célébraient une messe des moissonneurs au cours de laquelle ils bénissaient des croix de blé et des bouquets porte-bonheur. L'abbé Jean Coutant nous contait cela dans le second volume des «Gagne-Misère».

La coutume accordait aux bonnes femmes un droit de glane d'une journée après l'enlèvement d'un champ. Le garde champêtre surveillait ensuite les éteules jusqu'à l'arrivée des moutons ; et il n'hésitait guère à verbaliser lorsqu'il appréhendait une fraudeuse !

Ce sont les épis les plus lourds, donc ceux qui contiennent les plus beaux grains, qui se cassent avant le fauchage. Autrefois, les glaneuses sélectionnaient ces magnifiques épis avec une attention particulière. En effet, plutôt que de les jeter à leurs volailles, elles les revendaient aux fermiers comme semence.

Les charretiers déchaumaient derrière les troupeaux, qui avaient tout ratiboisé. Eclatante de blondeur voici peu, la plaine se rapiéçait peu à peu de parcelles terreuses.

Les faucheurs s'engagaient pour les betteraves fourragères ou retournaient dans leurs pays, un petit pécule en poche. Vers 1910, ils gagnaient dix-huit sous en bronze par jour (un paquet de tabac en coûtait deux).

La moisson était finie.

Rencontre de l'été 86.

Le rata aux navets

Un kilo de navets, 1/2 livre de lardons demi-sel, 50 g de beurre, 2 oignons, 1 cuillerée à soupe d'huile, 1 poignée de farine, 1 gousse d'ail, thym, laurier, sel et poivre.

Coupez les navets en quartiers et détaillez les oignons en rouelles. Faites revenir le beurre, l'huile, les lardons et les oignons dans une cocotte pendant un quart d'heure. Saupoudrez de farine, remuez et laissez cuire une couple de minutes. Arrosez de deux verres d'eau. Ajoutez les navets, le thym et le laurier. Ne servez qu'après une heure de cuisson à feu doux.

Les Belges n'avaient pas la frite, une fois.

Découpé dans «La République du Centre» du 19 juillet 1979 :

«Les hirondelles d'août» ou les «aoûteurs», c'est ainsi que dans la Beauce et dans la Brie, on nommait, il y a cent ans, les ouvriers belges qui venaient faire la moisson en France.

Ils arrivaient alors par centaines à la gare du Nord, traversaient Paris et repartaient vers Blois, Orléans ou Chartres, là où le travail les appelait. Ces braves gens mettaient en commun labeur et profit. Ils obéissaient à un chef, chargé pour chaque équipe de débattre le prix de la besogne avec les fermiers et de recevoir les salaires.

Ces pauvres diables travaillaient depuis quatre heures du matin jusqu'à neuf heures du soir, interrompant seulement la journée par une sieste de deux heures.

Ils mangeaient du pain sec et buvaient de l'eau. Quelques-uns poussaient le luxe jusqu'à frotter leur pain d'un oignon et à mêler quelques gouttes de vinaigre à leur eau.

La moisson finie et les comptes réglés, on se livrait à un festin dont voici le menu : trente-six œufs par escouade de douze travailleurs ; on cassait les œufs dans un immense saladier, on les battait, et chaque convive venait tremper dans cette omelette crue des mouillettes grosses comme des manches à balai.

Le banquet fini, chaque «aoûteur» recevait son décompte, l'empochait et retournait au pays avec 75 ou 80 francs nets dans son porte-monnaie, qui était ordinairement une chaussette de laine ou une blague à tabac.

(Texte rédigé par André Prudhomme, sous le titre «La moisson en Beauce, autrefois», d'après «Le Monde Illustré» du 16 août 1873).

Parcie ou persille ?

Mais à propos, que signifie le mot «parcie» qui était encore utilisé dans la région voici une trentaine d'années, avant le règne sans partage des moissonneuses-batteuses ?

Dans son «Glossaire du pays blésois» (Orléans 1892), Adrien Thibault indiquait le terme «parsille» pour désigner le «repas d'apparat que le maître offre à son monde le dernier jour de la moisson, et le dernier jour de la vendange». Il citait également un texte de 1416 signalant que les laboureurs de Pontoise «appellent la *parcye* (...) leur mengier d'apres aoust». Toujours selon Adrien Thibault, le mot pouvait venir de l'ancien français *parcier* — qui prend part à — ou tout simplement de *persil*, plante aromatique fort employée à cette occasion.

Hubert Fillay, dans le «Glossaire du pays de Sologne» (Blois 1933), avançait une définition plus restrictive — repas copieux suivi de réjouissances, mais seulement en fin des vendanges — tout en reprenant les mêmes hypothèses étymologiques : cela lui permit de modifier l'orthographe en «persille» pour mieux appuyer l'idée de la persillade, probablement. Quant à Jacques Cartraud, avec le «Guide du Val de Loire mystérieux» (Tchou, Paris 1968), il opta pour la «parsie» et présenta ce repas comme le dernier des vendanges, plus abondant que les précédents et arrosé «du vin des meilleures années».

Bernard Edeine, de son côté, pencha pour la «parcie» ou «percie» à la page 186 de son «Vieux parlage solognot» (CLD, Chambray 1983). Il n'oublia pas les travaux d'été. Dieu merci ! mais il doubla les ripailles d'une fête, avant de reproduire le texte mentionné jadis par Adrien Thibault...

Que peut-on ajouter à toutes ces savantes explications ? Pas grand-chose, ma foi ! Sinon la confirmation que ces agapes constituaient une coutume répandue dans la Beauce d'autrefois, après les moissons, ainsi que le bouquet qui fleurissait les ridelles de la gerbière finale.

Mais pour ma part, je verrais plutôt la racine du mot dans le latin *parseier*, qui signifiait tout bonnement : moissonner complètement, et je n'en chercherais pas plus long. Il convient enfin de noter qu'en d'autres contrées, on disait pareillement la «farcie», la «passée d'août» ou, par déformation sans doute, la «pensée douce».

Pour désigner le festin des vendanges, on disait plus fréquemment «cochelet» ou «berlot».

L'ART DE FAIRE LES LIENS AVEC GEORGES FORHAN, ANCIEN CULTIVATEUR (82 ans).

En ces temps-là, c'est-à-dire peu avant 14, Georges Forhan n'était encore qu'un garnement qui usait ses fonds de culotte sur les bancs de la communale. Et durant les grandes vacances d'été, parce qu'il fallait bien se rendre utile et ne point penser qu'à des nigauderies, il soulageait ses parents en moisson. Tous les enfants du pays travaillotaient de même. L'une de leurs besognes habituelles consistait à répartir les liens sur les champs récemment fauchés.

Georges n'a jamais vécu les moissons de jadis, quand les bataillons de saisonniers partaient dès l'aube, la faux sur l'épaule et la corne à pierre dans la ceinture, pour ne rentrer au village qu'à la brune, quelquefois au noir, en chantant à tue-tête malgré leur fatigue. A la veille de la Grande Guerre, la contrée entière moissonnait à la javeleuse. Cependant la commune comptait déjà, merveilles du progrès, trois ou quatre faucheuses-lieuses qui ne cessaient d'aguicher les paysans à grands moulinets de rabatteurs.

La javeleuse était une machine à deux roues, avec un siège, composée d'une scie d'herbière, d'un tablier de bois et de quatre gigantesques peignes qui, en tournant, pointillaient la passée de leurs râtelures. Pour rudimentaire qu'elle parût, elle représentait néanmoins une amélioration considérable sur l'antique «gauloise», cette étrangeté dont on ne s'était d'ailleurs guère servi par ici, lui préférant de loin une simple faux. Imaginez une caisse roulante, dont l'avant béait sur une rangée de dents qui arrachait les épis au lieu de les sectionner. Cet outil pour le moins archaïque que les Celtes auraient inventé, d'où son nom, devait être poussé par un bœuf limonier, et non tiré !

Ainsi donc, à l'approche de la Grande Guerre, dans notre région de modestes exploitations, la plupart des paysans couchaient encore leurs céréales à la javeleuse. Sitôt le fauchage terminé, ils se dépêchaient d'engerber les andains qui menaçaient de se disperser sur les chaumes à la moindre brise. Et comme ils ne disposaient pas assez de ficelle en ce temps-là, ils préparaient leurs gluis selon la coutume de toujours. C'était ce qu'on nommait ici les «glus».

Chaque cultivateur se réservait un lopin de seigle à cet effet, un petit carré qu'il coupait courant juillet, trois ou quatre semaines avant d'entamer ses blés, plus ou moins tôt suivant le climat de la saison. Il le faucillait à mouvements lents et mesurés, jamais d'une volée de faux qui en aurait brisé les longues tiges. Il sélectionnait de la sorte une belle paille qu'il dépiquait ensuite à la main, précautionneusement, poignée après poignée, en fouettant les épis sur le ventre d'un tonneau couché — on «battait au poinçon» —, ou sur le cul d'une casse de chaudière renversée, pour qu'ils pétillent de tous leurs grains. Là encore, pas question de décrocher le lourd fléau sans risquer de déchiqueter la précieuse récolte. Le seigle ne s'égrenait parfaitement que s'il était bien sec. La paille, aussitôt liée en brassées, occupait un coin propre de la grange.

Chaque fermier, souvent, conservait une provision de ce seigle battu d'une année sur l'autre, afin de n'être jamais pris au dépourvu. Il le bottelait alors avec deux ficelles, l'une au pied et l'autre au balai, sans étrangler. De cette manière, les bottes — les «gluons» — ne s'ouvraient pas en bouquet et ne s'abîmaient guère. Il convenait toutefois de se méfier des souris et des rats.

On confectionnait les liens dont on aurait usage, pas

Des gens très liants !
(Collection Muguette Rigaud).

un de trop, seulement quelques jours avant de se lancer en fauchaison. On s'installait sous la grange ou à l'ombre d'un pignon. La veille au soir, on avait éparpillé son nécessaire de glui sur le sol et on l'avait abondamment mouillé à l'arrosoir, de façon que les brins retrouvent leur souplesse. La suite n'avait rien de sorcier.

«On prélevait la juste poignée d'une botte, explique Georges Forhan. On en tapotait la base pour égaliser les brins, on retirait ceux qui s'étaient détériorés, on séparait la poignée en deux faisceaux égaux que l'on nouait mèche à mèche. C'était fini. Le «ian» faisait la longueur souhaitée, de quoi entourer une gerbe de grosseur ordinaire. Puis on rebottelait.»

Autrefois, il y avait des faiseurs de liens dans beaucoup de villages, des bonhomiots qui ne fabriquaient rien d'autre pendant les premières semaines de juillet. Les cultivateurs leur apportaient la paille de seigle à domicile, le matin, et revenaient chercher leur besoin de ligatures à la tombée du jour.

Les gerbées de liens attendaient sous la grange, à l'abri du soleil. «Le jour voulu, poursuit l'ami Georges, mes parents attelaient le cheval à la voiture, qu'ils chargeaient de cinq à six bottes. Sur le champ, on procédait toujours par équipe de trois. Le gamin — c'était moi — marchait devant et déposait un lien toutes les deux javelées. Derrière, la mère ramassait ces deux javelées en un seul tas, sur le lien, en s'aidant de son faucillon ou d'un fauchet. Le père la talonnait ; il pressait du genou sur le tout, tortillonnait ensemble les extrémités du lien et les fourrait à l'intérieur de la gerbe obtenue. D'aucuns se servaient parfois d'une cheville de bois pour serrer davantage. Hélas ! on avait beau échardonner au faucillon avant l'épiaison, le lieur se retrouvait bientôt avec les mains en sang.»

Plus tard dans l'automne, une fois la batteuse passée, le cultivateur récupérait le glui pour lier ses pailles à litière.

Nos moissonneurs procédèrent comme cela, quasiment, jusqu'à la veille de la Grande Guerre. Par la suite, ils utilisèrent la corde puis la ficelle de sisal. C'était déjà le début des faucheuses-lieuses américaines et, par conséquent, la fin du gerbage au seigle*.

Pour sa part, Georges Forhan n'a jamais vraiment connu les moissons à la faux, même pas celle de 1925, puisqu'il effectuait cette année-là son service militaire. Ce fut un été pourri dont on n'a plus idée. Tous les blés étaient roulés à plat. Pas moyen d'engager une machine sans l'embourber. Les gens durent réapprendre les gestes des aoûterons d'antan. Fort heureusement, un cultivateur d'alors ne moissonnait guère qu'une vingtaine de mines, soient cinq à six hectares qu'il partageait entre le blé à vendre, l'avoine pour ses chevaux et l'orge pour les cochons.

Durant la Seconde Guerre, les pelotes de ficelles devinrent introuvables ; au mieux, les Allemands ne distribuaient qu'une mauvaise cordelette en papier, peu résistante, qui causait bien du tracas. Le système de bottelage des moissonneuses Dering ne permettait pas l'emploi de ce succédané, au contraire de celui des Mac Cormick qui s'en accommodait vaille que vaille. Tout finit par s'arranger à la levée des restrictions, dans les années cinquante, d'autant que la suprématie des moissonneuses-batteuses commençait à s'affirmer un peu partout.

Une époque s'achevait.

Bientôt on ne parlerait plus de gerbes mais de sacs, plus de meules mais de silos. Et l'on perdrait du même coup la bonne vieille tradition de la «parcie», le repas qui fêtait la dernière gerbière engrangée, ce merveilleux gueuleton dont les campagnes d'aujourd'hui gardent tant de nostalgie.

Rencontre du printemps 86.

---

* Cf. notre ouvrage *«Ils étaient de leur village»*, le temps des traditions, chapitre *«L'or des moissons»*. (Jean-Cyrille Godefroy édit., Paris 1988).

ALCIDE HERMELINE, CHAUFFEUR DE LOCOMOBILE AU HAMEAU DE LA CHAMANDIÈRE (92 ans).

Nous avons rencontré Alcide Hermeline à Saint-Victor-de-Buthon, aux confins des collines du Perche. Ce jour-là, le village organisait sa fête annuelle des moissons à l'ancienne et lui, Alcide Hermeline, en était un peu la vedette. Un hommage bien mérité puisqu'il fut chef de batterie, dans les alentours, pendant près d'un demi-siècle. Pendant quarante-cinq ans exactement. Un bail !

Il a gardé bon pied bon œil, le bonhomme, et l'esprit clair. Il gagnait sa croûte dans les fermes comme charretier avant la Guerre de 14. Retenu prisonnier durant trois ans en Allemagne, ce fut là-bas, au hasard de sa captivité, qu'il apprit à faire chauffer la machine. A son retour, en bonne logique, il s'engagea donc comme conducteur de locomobile chez son frère Gaston, son cadet de trois ans, qui tenait une entreprise de battage au bourg de Frétigny. Mais les affaires tournèrent mal, à cause de la concurrence d'un autre entrepreneur, au point que Gaston dut s'exiler à Cernay, près d'Illiers-Combray, puis à Marcheville. Alors Alcide, prenant ses cliques et ses claques en un pauvre baluchon, préféra sagement revenir au pays. C'est ainsi qu'il trouva à se caser chez l'entrepreneur de Vaupillon, un nommé Boucher, et qu'il n'en bougea quasiment plus. Il tirait un trait sur la baguenaude, estimant avoir suffisamment roulé sa bosse par monts et par vaux. Désormais, il ne traînasserait qu'au gré d'une batteuse en tournée.

Alcide Hermeline se mettait en branle sitôt les moissons rentrées, dans le courant du mois d'août. En dehors de la saison, il abattait du bois pour les cultivateurs, participait aux fenaisons, fauchait et engrangeait les récoltes, accomplissait les mille tâches qu'on lui commandait d'un jour à l'autre.

Le moment sonné, il recrutait lui-même ses «galvaudeux». Il choisissait des gars de la contrée qu'il fréquentait depuis toujours, des journaliers qui besognaient comme lui, çà et là, dans les fermes des environs, partout où l'on réclamait un coup de main. Ici, dans ce coin du pays percheron où il n'y avait pas plus de pain à glaner que de manne à mendier, on ne croisait point de vagabonds en quête d'embauche à la petite semaine. Les gens du voisinage complétaient la troupe, à charge de revanche.

Lahire Ridoux, 76 ans, l'élargueur dont nous avons déjà fait la connaissance voici peu, dans le premier tome des «Gagne-Misère», conduisait lui aussi une unité de battage. Les parcelles de son père ne suffisant pas à nourrir une nichée de sept filles et trois garçons, il vaquait au service d'autrui depuis l'âge de dix-sept ans selon un calendrier qui ne variait guère : battage, arrachage des betteraves à l'automne, élagage en forêt durant l'hiver, sarclage des betteraves au début de l'été, moisson, battage, betteraves, et ainsi de suite...

Pour sa part, Lahire entamait la campagne dès le dix-douze juillet, quinze bons jours avant le père Hermeline. Au contraire de ce dernier, il n'engageait que des trimardeurs, que des pigeons-voyageurs comme il disait. Seuls l'engreneur, un des porte-sacs et un homme de la presse constituaient ses ouvriers réguliers. A défaut d'effectifs, il enrôlait également les voisins.

Les supplétifs de la vadrouille se présentaient au patron. On trouvait des chemineaux de tous acabits : des bons sujets et des moins bons, des types qui causaient beaucoup et des qui se taisaient, des courageux et des qui ne l'étaient guère, des propres-à-rien et des trop-se-mêle, des qui avaient tout fait et des qui ne faisaient rien, des qui avaient peut-être tué père et mère, allez savoir !... Mais tout ce qu'on exigeait d'eux, c'était qu'ils se tiennent à carreau et qu'ils ne salopent pas le boulot : le restant ne regardait personne.

Certains ne s'écartaient pas de toute la campagne ; d'autres ne demeuraient qu'une journée ou deux : ils empochaient les quelques sous qui leur revenaient et ils s'empressaient de les boire au bistrot, puis ils partaient se faire pendre ailleurs. Lahire en vit même d'aucuns qui ne s'arrêtèrent qu'une couple d'heures, le temps d'enfiler un canon. Ceux-là, que la bougeotte rendait malades, ne recevaient pas un centime. C'était convenu au départ : ne seraient payés que ceux qui auraient attendu la fin du battage dans la ferme commencée.

Excepté ces désertions, jamais de problèmes. Quelques rouspétances au pire, mais pas d'empoignades. L'instant d'après on n'y pensait déjà plus. Plusieurs de ces trimardeurs participèrent à sept campagnes d'affilée sous les ordres de Lahire, preuve qu'ils ne se plaignaient point de ses façons. «A gueuler on n'arrive à rien, estime l'ancien chauffeur. Il faut savoir hausser le ton pour se faire entendre, bien sûr, mais jamais se laisser emporter par la colère.» De son côté, Alcide Hermeline tient semblables propos ; il se définit volontiers comme «un bon gars d'habitude, mais qui ne rigolait pas à la batteuse».

Ah ! ces trimardeurs de la batteuse, on pourrait en raconter si long sur leur compte que la nuit n'y suffirait pas ! C'étaient de pittoresques personnages, ça oui !

Braillards, cravateurs à ne plus pouvoir démêler le vrai du faux, capables de céder leur âme contre une chopine, ils apeuraient les gosses et les boniches tout en piquant leur curiosité juvénile. «Si tu t'approches trop près de moi, criait l'un de ces zèbres à un gamin qui l'empêtrait, je te fourre dans ma culotte !» Le garnement s'esbignait prestement, aussi vite que s'il avait frôlé le père Fouettard, et la boniche s'empourprait comme une pivoine, convaincue de côtoyer un impitoyable Barbe-Bleue.

Les commères se plaisaient à cancaner derrière leur dos en les observant à la dérobée. Et ce qu'elles n'avaient pas réussi à dévoiler de leur passé, elles l'inventaient avec un luxe de détails.

Le grand Joseph, l'espèce de dépendeux d'andouilles qui ne quittait jamais sa casquette graisseuse, était, paraît-il, un monsieur de la haute que le malheur avait poussé sur la route. Un fils de bonne famille, assurément, qui avait de l'instruction à revendre et des manières de dandy. Un châtelain déchu pour les uns, un banquier ruiné pour les autres. Son infortune venait évidemment d'une femme, d'une mondaine, d'une cocotte qui avait trahi son amour. Depuis il trimballait un cœur plus lourd que sa maigre besace.

Ti-Tapiau, à ce qu'on croyait, sortait de quelque séminaire. Un phénomène. Il aurait même été curé voici longtemps. Une malheureuse fredaine avec une paroissienne, en compagnie de laquelle il se serait défroqué, l'aurait contraint à s'enfuir au loin. Il lisait continuellement un missel mais ne pensait qu'à la gaudriole. Quand il ne passait pas les froidures à l'hôpital, il demandait aux gendarmes de le boucler en prison.

Dédé-le-Manchot, lui, n'était qu'un sale individu dont tout le monde se méfiait. Le bruit courait qu'il avait fichu le feu, par vengeance, à une étable de la Sarthe parce que le fermier lui avait lâché son chien aux trousses. Il ingurgitait de l'alcool à brûler, tellement que sa cervelle s'en était ramollie. Une carrure de lutteur de foire. De son moignon il pouvait casser une noix. Sa vigueur herculéenne, malgré son infirmité, lui permettait de coltiner des fardeaux impressionnants. On l'affectait aux sacs.

Bugeaud, de son véritable nom Thomas Leguébalec, un Breton pure laine, s'était embarqué sur les bateaux à douze ans. Il avait fait deux fois le tour du monde, ramassé les maladies de tous les tropiques et tenté sa chance dans toutes les colonies sans rapporter le moindre butin. Très porté sur la chose, il se vantait d'avoir abandonné deux épouses au Tonkin et une tripotée d'autres en Afrique équatoriale, qui guettaient impatiemment son retour. D'un séjour à la Légion étrangère il gardait un magnifique tatouage sur la poitrine, une mousmé à poil alanguie sous un palmier, une créature de rêve qui émoustillait les gadouillots. Un drôle de numéro, celui-là, aussi bête que méchant. Dès qu'il chopait un verre dans le nez il devenait violent. Un samedi de beuverie, il a tout saccagé dans un café, pour une parole de travers. Le fils du bistroquet lui a épousseté les abattis et on ne l'a plus jamais revu dans nos parages...

Voilà les jolis cocos qui gravitaient autour de la machine, parmi quelques autres. Lorsqu'ils toquaient à la porte d'une ferme pour se creuser un nid dans une bauge ou dans la litière de l'écurie, le maître leur retirait leurs papiers et leurs allumettes. La patronne leur accordait une tranche de pain, un fond de casserole et un gobelet de boisson. Il n'en fallait pas davantage pour les amadouer. Souvent on confond les loups et les chiens errants...

L'entrepreneur qui employait Alcide possédait quatre batteuses et quatre locomobiles ; celui de Lahire, Ephraïm Richard, établi à Loury, en disposait d'autant.

La locomobile était une pesante et puissante machine mue par la vapeur, montée sur des roues de fer, capable d'actionner les plus lourds mécanismes mais inapte à se remuer d'elle-même. Naguère, on l'utilisait fréquemment dans les scieries, sur les lieux de forage, partout où une force motrice devait appuyer l'effort de l'homme. Chacune d'elles, dans les batteries, avait son sobriquet qui prêtait à plaisanterie. «J'm'en vas chauffer Titine ou Rosalie», lançait le conducteur avec un clin d'œil entendu. Plus tard, quand les tracteurs supplantèrent les chaudières, ce furent les batteuses qui héritèrent de ces familiarités. La plupart des locomobiles étaient fabriquées à Vierzon-Forges — Société vierzonnaise et Merlin — ou à Orléans — Rivierre-Casalis et Brouot.

Toutefois, la batteuse n'était pas l'unique moyen, à l'époque, de battre le grain. Outre l'antique fléau, le «flo» dont certains fermiers se servaient toujours pour les avoines afin d'occuper leur hiver, comme aux vieux temps des batteurs en grange, il y avait la «pleurésie» et la «terpigneuse».

La pleurésie, qu'on appelait quelquefois la «poitrinaire», était un appareil à manivelle qui datait du siècle d'avant. Elle épuisait tant son bonhomme (on le devine à ses noms) que le pauvre risquait de s'y crever les poumons sous sa liquette trempée de sueur. Alcide l'a pratiquée quand il bricolait dans une culture près de Bonneval. «C'était une vacherie qui ne volait pas son surnom, se souvient-il. Ça ne fournissait aucun rendement et ça bousillait le peu que ça arrachait aux épis !»

La trépigneuse, Alcide s'y est frotté aussi. On en trouvait pas mal dans les grosses exploitations, en appoint. L'engin était entraîné par un tablier roulant, incliné, sur lequel «trépignait» inlassablement un cheval, un picotin d'avoine sous les naseaux pour l'encourager dans sa marche immobile. La trépigneuse, parfois, était reliée à un manège ou à un moteur à essence. «Le résultat qu'on en obtenait n'était ni fait ni à faire, grimace Alcide. On devait ensuite tarater le grain, le vanner au tarare, car ça ne le nettoyait pas.»

Rien ne valait la batteuse, sapristi ! cette grande caisse en bois, pataude sur ses quatre roues, aux flancs garnis de poulies, de courroies, de taquets, de vilebrequins, de claies, de bouches à vomir la paille et de goulottes à pisser le beau grain blond !

L'équipe se composait d'une dizaine ou d'une vingtaine d'ouvriers, selon l'ouvrage à abattre.

En gros battage, deux gars grimpaient sur la meule : l'approcheur et le broqueteur. Trois se tenaient sur le pont de la batteuse, coude à coude : le délieur, le dépeceur (ou éparpilleur, ou démêleur) et l'engreneur. C'était lui, l'engreneur, qui réglait la cadence du travail en fonction des avalées de la machine et qui gouvernait ses pourvoyeurs. Tantôt il ordonnait de ralentir les fourchées, tantôt de les activer. Trop gavée, la batteuse se mettait à toussoter, à caler même, à faire sauter la courroie de transmission. Alors le chauffeur engueulait l'engreneur, qui se retournait contre le dépeceur et le délieur, qui s'en prenaient à ceux du tas ; et puis ça repartait vaille que vaille en ahanant — poum poum poum — et chacun oubliait l'incident jusqu'au prochain étouffement.

Le délieur de gerbes était généralement un galopin du voisinage. Il se faisait une petite gratte en récupérant les liens ou les ficelles qu'il revendait au fermier pour quatre sous. Plus tard, un seul homme de pont suffira à l'alimentation des engreneuses automatiques.

Autour de la machine s'affairaient deux ou trois monteurs de grain, des gars costauds qui portaient un sac de cent vingt kilos sur leurs épaules à longueur de journée, quatre ou cinq lieurs de paille à la claie de l'arrière, deux porteurs de paille, un ou deux ramasseurs de menu, deux balistes et deux entasseurs sur le pailler. A ce bataillon s'ajoutait encore, parfois, le vacher qui remplissait le cuvier d'eau, en permanence, près de la chaudière. Comptez : avec le chauffeur, on atteint les vingt-trois hommes !

Le menu désignait les déchets — du «pesard» et du «guernipi» — qui tombaient de la grille de fond, sous la batteuse. On les recueillait dans une bâche étendue dont on râtelait les bords au fauchet. Ce menu finissait dans la mangeoire aux vaches.

Les balistes procédaient de même, avec une bâche ou un grand drap. Plus tard on s'équipa de souffleries et de tuyaux. Les glumes servaient également à la nourriture des bestiaux ; on les mélangeait aux betteraves fourragères hachées au coupe-racines et on laissait le tout s'échauffer pendant quelques heures : cela donnait le «fermentage». Les bales d'orge, le «pou», n'étaient jamais conservées : on les brûlait ou on les dispersait sur le tas de fumier.

En Beauce, les «gars de la batteuse» se reconnaissaient à leur foulard et à leur ceinture de flanelle rouges. C'était la mode du pays. Le foulard empêchait la poussière de s'enfiler par le col de la chemise tandis que la ceinture pompait la sueur.

Les ouvriers de passage, les itinérants, se signalaient plutôt par une poche à grain jetée sur l'épaule, à la manière d'un bissac : on les surnommait pour ça les «pochetons». Au cul de la machine, les porteurs de paille se garantissaient toujours en se coiffant d'un sac plié en capuche.

Par la suite, les entrepreneurs se dotèrent d'un appareil de liage — le «guignol» —, puis de presses botteleuses, enfin de presses à ballots. Ces dernières liaient au fil de fer, ce qui requérait un aiguilleur d'un côté et un passeur de fil de l'autre. Les porteurs de ballots s'armèrent alors d'un long croc acéré pour mieux assurer leurs faix.

L'ordre de la tournée était établi par l'entrepreneur, en accord avec sa clientèle : «Vous aurez la batteuse dans la matinée de tel jour, à telle heure, ou dans la soirée» ; puis il avisait son chauffeur du tour de rôle à respecter.

En priorité on battait le seigle qui était rentré sitôt la fauchaison terminée. Ensuite on s'attaquait au blé, à l'orge et à l'avoine. On bouclait d'abord une «tournée volante», autrement dit on ne s'attardait jamais plus d'une demi-journée chez l'un ou chez l'autre ; en contrepartie on servait toutes les maisons pareillement. Ainsi les cultivateurs pouvaient-ils joindre les deux bouts en paille et en grain. Le père Auxile Rousseau me raconta qu'on entamait toujours la campagne, autrefois, par la récolte du maire de la commune.

Ensuite on menait la véritable tournée et l'on ne s'éloignait pas d'un endroit tant que son grain n'était pas battu. Les gros fermiers se réservaient parfois deux ou trois gerbiers qu'ils faisaient battre en fin de saison, quand leurs greniers s'étaient vidés à nouveau.

L'acheminement du matériel s'effectuait avec les chevaux des clients. Celui que l'on quittait emmenait la batteuse ; celui chez qui on se rendait apportait la locomobile. Par les ornières détrempées après un orage, on devait atteler six percherons à la chaudière. Ailleurs, c'étaient deux paires de bœufs derrière un cheval tenu à la bride ; quatre autres bœufs tiraient la batteuse.

L'équipe défilait à la suite, à pied ou à bicyclette, en devisant gaiement. Le chauffeur n'éteignait jamais son foyer, sauf en fin de semaine, le samedi. Les mains entortillées dans un sac pour ne pas se brûler, il se contentait de plier la cheminée de la locomobile sur son fourchet, précaution qui évitait de casser ce tuyau long de quatre mètres durant les manœuvres.

L'installation des machines nécessitait un juste coup d'œil qu'on n'acquérait qu'avec l'expérience. Le chauffeur s'ingéniait à ranger son bazar entre deux meules afin de limiter les déplacements et les débrayages qui gaspillaient de précieuses minutes. Il évaluait d'un regard le bon niveau de la batteuse, en corrigeait l'aplomb à l'aide des crics de côté, calait les roues, vérifiait l'alignement de la poulie d'entraînement sur le volant de la locomobile. Puis il tendait la courroie de transmission en reculant sa chaudière — top ! ça va ! — et il la tournait à la main pour s'assurer que rien ne clochait, qu'il pouvait mettre en mouvement sans craindre le ripage. Quand la courroie avait tendance à patiner, il l'enduisait de résine ou, au pire, la remplaçait avant qu'elle ne s'échauffe ou ne se rompe. Il en prévoyait continuellement un jeu de rechange, pour le cas.

Le chauffeur, le chef de la batterie, s'occupait de son chaudron tout en surveillant d'un œil vigilant la bonne marche de l'ouvrage. C'était lui qui plaçait les machines à la queue leu leu contre les meules à dévorer, lui qui maintenait la locomobile en pression, qui en poussait le feu, qui la remplissait d'eau. C'était encore lui qui réprimandait les jean-foutre de la bande, qui veillait au pépin mécanique, qui arbitrait certains petits conflits entre les équipiers. Quelquefois on le nommait «capitaine» et l'on considérait l'engreneur comme son lieutenant. Il s'agissait d'un grade à responsabilité, d'un travail pénible bien sûr, autant à cause des efforts à déployer que de la poussière à bouffer ; mais dame ! on était son maître sinon son patron. Nuance ! Ce semblant de liberté avait son importance pour quelqu'un qui ne supportait pas de se sentir un fil à la patte...

La journée du conducteur commençait dès trois heures par la mise en chauffe de la locomobile, pendant que les batteux déjeunaient. De la soupe et du cochon. Il allumait le foyer au bois avant d'y enfourner le charbon. Au premier coup de sifflet les gars allaient casser la croûte ; au deuxième, une demi-heure après, tout le monde devait se lever de table et rejoindre son poste.

Le matin, c'était à qui devancerait les autres dans les alentours. Le chauffeur mettait un point d'honneur à siffler le démarrage quelques minutes avant les équipes des confrères. Il grommelait : «Untel m'a doublé aujourd'hui mais demain ça sera mon tour !» Cet esprit de compétition bon enfant animait également les gars de la compagnie, qui se livraient à des concours entre eux. Ainsi les porteurs de grain mesuraient-ils leur robustesse en soulevant le sac le plus lourd ; parfois ils devaient parcourir une centaine de mètres pour se rendre de la batteuse à l'échelle du grenier, et aucun ne voulait déclarer forfait devant son rival !

L'ordinaire variait d'une région à l'autre (parfois même d'une maison à l'autre !). Dans le Perche on ne buvait pas de vin ; en compensation on soutirait du cidre à volonté. «On n'avait pas à se plaindre des gens, admet Alcide. Ni en boisson, ni en pitance. On ne manquait de rien.» Il en était autrement dans la plupart des fermes de Beauce où la boniche venait servir à chacun, toutes les deux heures, un verre — un seul ! — de vin pur. Là encore prévalait la hiérarchie : le chauffeur se désaltérait le premier, puis l'engreneur, enfin les autres. On éclusait le gobelet d'un trait, on l'égouttait d'un balancement du bras et on le tendait au suivant. Dans les bonnes maisons toutefois, les porte-sacs pouvaient boire à discrétion ; ils montaient leur bouteille au grenier et la redescendaient dès qu'elle était vide.

Le régime se faisait beaucoup moins sévère dans le val ou en Sologne. On s'y abreuvait sans compter et l'on grignotait la galette au milieu de la matinée. A dix heures, les porteurs de grain bénéficiaient d'une tasse de café, parfois corsée d'une lichette de goutte.

On stoppait le boulot vers midi, au coup de sifflet, quand la cuisinière accourait prévenir le chauffeur que le repas était prêt. Avant de pénétrer dans la salle, chacun se toilettait au baquet de flotte, à la porte de l'étable. Bouillon gras au pain trempé, pot-au-feu, fromage et puis à la revoyure, du balai ! Un canon par personne, pas davantage. Celui qui avait encore soif devait se contenter de la «bouète», de vin mouillé.

Tout en dînant, le chauffeur surveillait la pression constante de la locomobile et, quittant souvent la table, rechargeait le foyer en conséquence. Après la pause d'une heure qu'on passait à roupiller dans un coin d'ombre l'été, au chaud de l'écurie l'hiver, chacun reprenait le travail au sifflet pour ne s'arrêter qu'au moment de ne plus y voir, toujours au signal du chef.

Les journées alignaient leurs quatorze heures, pas souvent moins. Le souper se composait d'un brouet, d'un rata et d'un morceau de fromage.

Le chauffeur cachait alors son feu pour la nuit. Il bourrait la gueule de la locomobile avec des briquettes entières qu'il recouvrait de cendres. Il fallait que la chaudière couve, qu'elle brûle à feu mort. Le lendemain matin, pas besoin de rallumer : il suffisait de donner du tirage en faisant fonctionner la locomobile à vide, après avoir regarni le foyer d'un peu de bois, pour que la pression remonte immédiatement.

L'entrepreneur fournissait les briquettes de charbon qu'un grossiste lui livrait en gare, par wagon. La veille de son grand jour, chaque client venait lui en acheter son comptant, avec une charrette. Une locomobile consommait dans les trois briquettes de dix kilos à l'heure, qu'il fallait briser avant d'enfourner. Tout dépendait de leur qualité. Un mauvais charbon chauffait mal et se transformait en un mâchefer qui encrassait la chaudière.

L'incendie, non, on ne le craignait pas malgré la proximité du feu et de la paille. La cheminée, tout en haut, était coiffée d'un pare-étincelles. Et puis il se trouvait continuellement un cuvier d'eau à trois pas du chaudron. Une locomobile engloutissait ses cent à trois cents litres de flotte à l'heure selon le travail qu'on lui demandait. Un bricolin de la ferme l'approvisionnait en eau avec une tonne qu'il remplissait au puits, à l'abreuvoir ou à la mare. Lorsqu'un bassin se situait auprès, c'était le chauffeur qui y puisait au seau. L'hiver par fortes gelées, on devait tirer l'eau au fur et à mesure de son utilisation. Durant les derniers froids de la Grande Guerre, on eut beau envelopper les locomobiles de paille, au risque de provoquer un sinistre, la vapeur n'atteignit jamais la pression susceptible d'entraîner une batteuse !

Toutes les opérations se réglaient donc au sifflet. Chaque chauffeur avait sa façon de «subletter», son langage. De loin, seulement en tendant l'oreille, on devinait que telle équipe battait en tel coin. Trois coups brefs annonçaient la soupe ; deux coups : le départ ou l'arrêt du travail. Un sifflement prolongé appelait les chevaux. Les charretiers de la ferme savaient qu'ils devaient quitter les champs car le battage venait de s'achever. Il leur fallait aussitôt se tenir à la disposition du chauffeur, eux et leurs canassons, pour évacuer les engins de la batterie jusque chez le fermier d'après.

Une vaillante équipe battait quotidiennement dans les cent quintaux. En franche année tout se déroulait à merveille. En été humide hélas, comme en 41, on perdait beaucoup de grain car les épis avaient germé sur champ, dans les meulons, et cela provoquait du déchet.

Leur journée finie, les batteux n'avaient souvent qu'une hâte : celle d'aller se coucher. Ils ne veillaient que dans les contrées de modestes cultures où le labeur était moins harassant, selon la cordialité du paysan. Après le manger on causait, on chantait, on tapait les cartes et on partageait la galette. Les trimards racontaient des boniments d'ailleurs, des menteries dont on rigolait et qui n'abusaient personne. Quelquefois on ne se séparait qu'à la mi-nuit ; le lendemain d'aucuns peinaient à se réveiller. Alcide, qui ne buvait jamais un verre en dehors des repas, priait parfois les hôtes trop généreux de réduire les beuveries nocturnes. A boissailler de la sorte, les gars s'usaient davantage qu'à trimer autour de la batteuse et il n'y avait plus rien de bon à en espérer...

Alcide rentrait chaque soir au bercail, à vélo, mais beaucoup de ses équipiers dormaient au petit bonheur la chance : à la belle étoile, dans un pailler, une grange, un grenier. Ce fut pendant longtemps le sort de Lahire, qui logeait «où ça se trouvait». Après son mariage, il ne regagnait ses pénates que dans la nuit du samedi au dimanche ; il les quittait évidemment dans celle du dimanche au lundi.

Le chauffeur et les trois ouvriers à contrat saisonnier étaient payés par l'entrepreneur, en fin de campagne. Leur salaire s'additionnait à la location du matériel. Les autres membres de l'équipe recevaient directement leurs gages du client, selon leurs heures de travail accompli. En fait, l'argent était confié au chef, à charge pour lui de le répartir équitablement entre ses hommes. Lahire avait coutume de distribuer les soldes au café du bourg, le soir, quand le battage d'une exploitation avait été terminé dans la journée. Un chauffeur touchait alors dix francs de l'heure, ce qui n'était pas si mal en comparaison du traitement d'un simple charretier.

En bout de tournée, fin décembre début janvier, le dernier client prêtait ses chevaux au patron pour lui permettre de remiser son matériel. Le chauffeur nettoyait la batteuse et astiquait la chaudière avec un décapant jusqu'à ce que les cuivres brillent à neuf. L'orgueil d'un conducteur était en effet de laisser une locomobile rutilante après chaque campagne. Ensuite, l'entrepreneur

A toute vapeur !
(Collection Muguette Rigaud).

offrait un formidable gueuleton à l'ensemble de ses gars, à sa table, et chacun prenait congé en jurant de revenir pour la saison prochaine. Alcide courait s'embaucher comme porteur de sacs dans une équipe qui tournait encore tandis que Lahire partait arracher les betteraves...

Les travaux de battage se modifièrent considérablement lorsqu'apparurent les tracteurs durant l'entre-deux-guerres. Il s'agissait de solides mécaniques aux noms américains : McCormick, Ford Ferguson, Bolinder, Bulldog. Par la suite on vit des Renault, des Robuste et les inévitables Société Française constamment agités de tremblote. Il pétarada aussi des Rotapède, des engins munis de chenilles, comme les tanks, soi-disant mieux adaptés aux terrains marécageux. Alors Alcide se mit au diapason, bon gré mal gré. Il apprit à se servir d'un moteur à essence monté sur chariot, puis à piloter un tracteur. Fallait bien. On ne décide pas toujours de faire ce qui plaît.

Notre bonhomme se maria sur le tard, en 1960, avec Lucie, une des rares femmes qui suivaient la batteuse. Elle avait une génération de moins que lui et elle servait dans son équipe en tant que délieuse. Ils partageaient la même vie depuis belle lurette, à la colle, et le mariage ne fut pour eux qu'une façon de régulariser un long concubinage, sans plus. C'était vraiment la fin d'une époque pour Alcide. Dans son existence intime comme dans le travail quotidien.

Car depuis la Seconde Guerre, on ne croisait plus de trimardeurs pour constituer les équipes. Du reste, les cultivateurs du pays préféraient maintenant les moissonneuses-batteuses dernier cri aux vieilles machines d'autrefois. Ça leur coûtait moins de temps, de suées et de pognon.

Alors les battages à l'ancienne cessèrent, faute de batteurs. C'était il y a vingt ans, guère avec.

Rencontre de l'été 85.

La paille sans le grain.

Chez nos lointains cousins du Canada français, au début de ce siècle, on prétendait — peut-être à raison — que les batteuses de là-bas tombaient en panne deux jours sur trois. Cela n'était pas pour déplaire aux batteurs qui, ravis de cette aubaine à répétition, en profitaient pour s'engraisser à bon compte aux dépens de l'habitant, quitte à le mettre... sur la paille !

(Information de M. Joseph Cloutier, de Sainte-Marie, au Québec).

Campagne 17.

«J'ai connu de nombreuses batteries, ayant été moi-même un gars de batteuse au foulard rouge. Mais je n'ai jamais gaspillé ma paye de la semaine, le samedi soir ou le dimanche. Mon but était d'avoir une petite fermette à moi dès que j'aurais amassé les quelques francs nécessaires. Je fus comblé en 1927.

«J'ai commencé en 1912 comme délieux. Ensuite, j'ai tenu tous les postes. Pendant cinquante-deux ans, j'ai participé aux battages, soit comme ouvrier, soit à mon propre compte en pratiquant l'entraide deux à trois semaines par saison.

«C'est la campagne de 1917 qui fut la plus pénible de toute ma carrière, physiquement et moralement. Ma mère cuisait le pain, pas de problèmes, mais ailleurs le personnel devait apporter ses cartes. A la suite de plusieurs mouvements, la mairie dut accorder un supplément. Nous n'étions pas à la noce. Toutefois, nous pensions à nos aînés qui mouraient dans les tranchées. Cette année-là, l'équipe de battage ne se composait que de jeunes et de vieillards.

«Je fus promu porte-sacs. Je pesais cinquante-cinq kilos et je portais des charges une fois et demie plus lourdes que moi. Ce qui ne m'empêche pas aujourd'hui, à quatre-vingt-six ans, d'être encore assez vigoureux !» (Lettre de M. Aristide Dion, de Chanteau).

Une batteuse flambant neuf.

«Quand elle traversa notre hameau devant nos yeux d'enfants émerveillés, nous ne trouvions pas de mots pour dire combien elle était belle, toute neuve, peinte en rouge. Deux puissants chevaux la tiraient. Un voisin, tout aussi admiratif que nous, dit : «C'est vraiment dommage qu'elle ne remorque qu'un vieux lieur au lieu d'une presse en long !» Mais le petit entrepreneur qui l'avait achetée, ne pouvait pas faire deux achats en même temps.

«Nous la vîmes s'éloigner vers une culture où elle resta deux jours, puis par un mauvais chemin quatre chevaux l'entraînèrent jusqu'à la ferme la plus éloignée de la commune. Nous la regardions au loin, magnifique point rouge entre les meules blondes...

«Le lendemain matin très tôt, notre voisin vint réveiller mon père : «Robert, il n'y a plus rien !» Toute la maisonnée se leva. En chemise, nous découvrîmes le désastre. Dans la nuit tout avait brûlé. La belle batteuse, les meules, les tas de paille, rien n'avait été épargné !

«Le charretier de la ferme était parti sur un méchant vélo, à travers champs, puis par les routes, quérir du secours. C'était pendant l'été 1940, après l'exode. Le temps de sonner le tocsin, de trouver un véhicule automobile, d'y accrocher la moto-pompe, c'était trop tard. Il ne restait plus que quelques braises.

«Aucun voisin n'avait participé à l'opération de sauvetage. Certains avaient bien entendu du bruit, des paroles, mais en ce début de l'Occupation, la peur des Allemands poussait à la prudence. Le téléphone n'existait

pas. Des gens du bourg étaient passés près des maisons sans songer à avertir les hommes valides qui y dormaient.

«Quelques jours plus tard, l'entrepreneur récupéra la locomobile qui était sans doute la cause de la catastrophe. Elle repassa telle un convoi funèbre. Lui lancer des pierres nous aurait soulagés. Elle avait détruit sa compagne de travail. C'était une criminelle. Elle avait apporté le malheur dans une maison dont la femme, en l'absence de son mari retenu prisonnier, avait déjà bien du mal à survivre.

«Notre belle batteuse n'avait vécu que ce que vivent les coquelicots !» (Lettre de M. Jean Pasquet, de Semoy).

Denis Morgeat, aujourd'hui décédé, publia ses souvenirs dans un livre intitulé «Les Mémoires de P'tit Dédé». Il nous avait envoyé ce témoignage avant de faire paraître son ouvrage.

A dure école.

«Le premier décembre je devais, petit alo, quitter la ferme et prendre le chemin de l'école, celle-ci étant obligatoire jusqu'à douze ans. J'avais du retard sur mes camarades de classe. Après une semaine d'école, l'entrepreneur eut besoin d'un ouvrier pour délier les bottes de grain sur la batteuse, pendant quelques jours. J'y suis allé et j'y suis resté tout l'hiver. J'ai eu mes douze ans à la batteuse.

«Les hommes qui y travaillaient étaient tous du pays. Ils me prenaient chez mes parents en passant le lundi matin, à l'heure de la soupe que nous partagions souvent, à cinq heures et demie. Quand nous avions six à sept kilomètres à parcourir par les routes boueuses, nous marchions en file indienne derrière la lampe-tempête que

portait le premier. Nous partions du lundi au samedi soir. La nuit nous dormions dans les granges où étaient entassées les bales à bestiaux. Je n'étais encore qu'un enfant ; l'hiver, les bons vieux me couvraient d'un sac à grain jusqu'aux épaules et en roulaient un second sous ma tête : j'avais ainsi un bon lit. Brisé de fatigue, je m'endormais profondément malgré le froid. Le matin au réveil, nous nous secouions, un peu d'eau sur la figure pour nous remettre d'aplomb, la soupe ensuite et la journée reprenait dès six heures sonnantes.

«La paille était liée à la main. Je ramassais tous les bouts de ficelle car les cultivateurs les rachetaient contre une petite pièce. Nous étions bien payés mais nous travaillions dix heures par jour. Puis la fête de Saint-Jean arriva et mon père me loua comme vacher.»

Un bon coup de balai.

«Il était d'usage, avant de battre un autre grain, de balayer la machine. Hélas ! il n'était pas facile de trouver un bon balai : la fermière rechignait à prêter le sien de peur qu'on en abîme la paille de riz, celui de bouleau — qui servait à l'étable — était vraiment trop sale et celui de l'écurie, si usé, qu'il n'en restait que le «croûton» et le manche... Voilà pourquoi on remarquait quelquefois de l'orge dans l'avoine, de l'avoine dans le blé et du blé dans le seigle. De la sorte, le méteil était pratiquement prêt pour la semence !

«Quand ce fichu balai paraissait inutilisable, le délieur puis l'engreneur se servaient d'une gerbe. Durant les années de sécheresse, certains fermiers demandaient que l'on pousse les bottes défaites directement dans la trappe des secoueurs car le batteur en aurait cassé les grains.

«Lorsque j'étais mousse, un fermier me tendit un jour un balai de bouleau tout neuf, mais trop souple pour être efficace. Le broqueteur, qui n'était guère comique, bien qu'on le surnommât Fernandel, grimpa sur le pont et me dit : «P'tit gâs, regarde bien. Je vais te montrer comment on doit balayer une batteuse.» Il empoigna le balai, se plaça au milieu du plancher et entreprit d'en nettoyer toute la largeur d'un seul coup. Malheureusement, quelques brindilles de bouleau s'enfilèrent entre le batteur et le contre-batteur. Il eut beau se cramponner, la machine ne voulait rien en lâcher. L'homme se raidissait mais centimètre par centimètre, le balai était avalé. Dans un effort suprême, le broqueteur tenta de sauver le manche. En vain. Le batteur émit comme un rot de contentement. La presse ne rendit qu'une poignée de débris tout juste bonne à allumer le feu du lendemain !

«Le conseilleur, mortifié, descendit sous les huées de ses camarades ; jamais plus il ne devait m'enseigner les bonnes manières. J'avais tout compris ce jour-là !» (Lettre de M. Jean Pasquet, de Semoy).

La course au sac.

Notre vieil ami Louis Tranchant, de Fleury-les-Aubrais, nous affirme que son grand-père paternel, qui habitait Huêtre, se faisait fort de se promener sans peine, dans une cour de ferme, en tenant un sac de blé sous chaque bras. «Or à cette époque, précise Louis, un sac pesait le quintal, quelquefois même cent vingt kilos !» Mais il ajoute que le bonhomme n'était pas un gringalet. On s'en serait douté.

Les ficelles du guignol.

«Dans la région d'Oucques, les tracteurs sont apparus à la fin de la Guerre 14-18. Les marques alors connues étaient Case *et* Mogul, *bien sûr américaines. Les fermes qui les utilisaient, les abandonnèrent après quelques années. Je crois qu'en dehors d'une fiabilité mécanique limitée, le principal obstacle était l'absence de pneumatiques, qui ne sont venus que bien plus tard. Pour circuler sur route, il fallait ajouter des cercles sur les crampons, et ceci n'était pas facile. Combien de fois, enfant, me suis-je sali avec le cambouis de ces tracteurs, chez un voisin réparateur !*

«Jusqu'à la Guerre de 14, la paille tombait à la sortie de la batteuse sur des claies de bois. Plusieurs ouvriers la prenaient là et en faisaient des bottes avec des liens de seigle. Ensuite est arrivé le lieur mécanique qu'on appelait le «guignol» ; son fonctionnement était précaire, surtout avec les longues pailles parfois humides. Je me souviens des ennuis de mon père à ce sujet. Les batteries ont terminé avec la presse ; c'était un lieur perfectionné qui ajoutait le tassement avant le liage et qui réduisait le volume. La presse à ballots, plus rarement employée, était, elle, à haute densité et utilisait le fil de fer.

«J'ai été témoin d'un incendie dû à la foudre tombée sur une meule de blé en cours de battage. Le feu n'a pas pris à l'extérieur mais à l'intérieur seulement. Il fallait voir à quelle vitesse les ouvriers de la batterie essayaient d'éparpiller les gerbes avant qu'elles ne s'enflamment ! En fait, ce blé n'a pu servir qu'aux volailles car il gardait un goût de brûlé.

«Lorsque le battage devait avoir lieu dans une ferme dont le précédent propriétaire était parti en fin de bail, la tradition voulait que ce soit l'entrepreneur qui se charge de prévoir la nourriture des «hommes». Ma mère se transformait donc en cuisinière, sur place, après que tables, bancs et tréteaux eurent été amenés avec la carriole.

«Il y avait bien sûr des trimardeurs parmi les gars de

la batterie, mais aussi des saisonniers venus de Bretagne. On appelait les porteurs de grain, les «Nantais», car c'étaient souvent des dockers en mal de bougeotte. Il y avait encore quelques Polonais dont plusieurs ont fait souche dans la région, de même des Polonaises bonnes de ferme qui, mariées au pays, sont devenues des «maîtresses». Voilà pourquoi, par-ci par-là, on rencontre des filles dont les cheveux sont d'une blondeur éblouissante... Il y avait enfin d'autres étrangers. J'ai même connu un Hollandais vêtu d'un smoking (!), et qui chantait en dehors de ses heures de travail. Sans doute cette vie, qui n'avait probablement rien de commun avec celle qu'il menait auparavant, lui procurait-elle quelques consolations... » (Lettre de M. Négrin, de Cloyes-sur-le-Loir, dont le père était vraisemblablement entrepreneur de battage.)

Des chiqueurs pas chic.

Mme Gilaine, de Sèvres, nous signale que beaucoup d'hommes chiquaient dans la Beauce d'autrefois. Les charretiers crachaient leur mâchée au moment de se mettre à table, et c'en était dégoûtant. Ils tenaient peut-être cette manie des saisonniers bretons, d'anciens marins quelquefois, qui suivaient la batteuse autour de laquelle le chauffeur interdisait souvent de fumer. Chaque matin avant le déjeuner, les bonnes sablaient donc le carrelage rouge de la salle commune afin de tout nettoyer, d'un simple coup de balai, à l'heure du coucher.

Les voiturages de Mme Voiturin.

«L'entreprise Voiturin, d'Ascoux ou de Pithiviers, avait dix-sept batteuses qui tournaient dans la Beauce.

«Pour mettre en route ce matériel, il fallait recruter un nombreux personnel parmi les «pigeons».

«Alors durant la saison des battages, Mme Voiturin ne faisait qu'aller et venir au volant de sa camionnette.

«Elle se rendait à Orléans, je ne sais sur quelle place ; et quand elle ne trouvait pas, elle filait à Chartres. Ceci représentait presque deux cents employés, et qui ? des repris de justice, des vagabonds ne restant que deux ou trois jours à l'entreprise ! Il ne fallait pas leur donner de l'argent le samedi sinon le lundi, il n'y avait plus personne pour reprendre le collier.» (Lettre de M. Désiré Bouthegourd, de Mardié.)

Les galipettes de la Joconde.

Mme Jeanne Jarry, de Férolles, nous dit avoir reconnu son père sur la carte postale qui illustre ce chapitre.

«Il était le patron de l'entreprise et s'appelait Emile Gouyneau, nous écrit-elle. *On le voit en chapeau, accoudé à la locomobile. Gazé pendant la guerre, il est décédé en 1924. A ses côtés se tient M. Prudhomme, mort au champ d'honneur. Parmi les galvaudeux se trouvaient Cent-kilos, Barbe-d'or et Béquillon, qui boitillait. Il y avait également une femme surnommée la Joconde. Je me souviens de ces quatre-là. Une fois, en pleine nuit, mon père a dû remettre de l'ordre dans cette troupe qui, prise de boisson, menait joyeuse vie dans un fossé près de chez nous.*

«Chez certains cultivateurs c'était un peu la fête, avec une bonne table. Mais chez d'autres c'était une véritable corvée, avec du gras de cochon qui tremblait dans le plat. On connaissait les bonnes et les mauvaises maisons.»

Prenons-en de la graine !

«On rencontrait quelquefois de singuliers personnages, généralement des «vieux gars», des célibataires définitifs. L'un d'eux, Graine-de-Trèfle, avec lequel je faisais équipe quelquefois, était bien le bonhomme le plus sale que j'aie connu. Il ne se changeait jamais. Ses habits s'usaient sur lui, «dans leur neuf». Il en émanait un fumet épais à en asphyxier un bouc. Cela surprenait au premier abord. On craignait ne pouvoir résister longtemps à cet environnement fétide ; puis, comme de tout, on s'y faisait. Graine-de-Trèfle devait son sobriquet à une aventure prétendue réelle mais trop belle pour l'être vraiment, bien que peu ragoûtante.

«Sans doute lors d'un chargement de fourrage un peu tard en saison, donc fort avancé, une graine de trèfle lui était tombée dans le chemise. Descendue au nombril, elle avait germé dans ce milieu favorable, à la fois chaud et humide, car le bougre transpirait abondamment, ce qui aggravait encore les odeurs. Puis la graine s'était développée jusqu'à dépasser par l'échancrure de la chemise. Continuant son cycle normal, elle y avait fleuri. L'homme se montrait très fier de cette décoration ; on le considérait comme une attraction. Il en profitait pour se faire abondamment rincer (mais seulement à l'intérieur !)...

«Un autre devait sa célébrité locale à une grande disponibilité d'estomac. Rien ne l'écœurait. Quand j'entendis parler de la particularité de son alimentation, je fus persuadé qu'on me racontait des bourdes. Je dus bientôt me rendre à l'évidence.

«Lorsqu'il ne restait plus que quelques gerbes d'une meule en battage, on découvrait presque toujours, en dessous, plusieurs nids de souris. Notre gourmet accourait, attrapait rapidement les souriceaux encore «tout nus» et vous les gobait en les tenant par la queue, sans un haut-le-cœur, devant une assistance horrifiée, prête à en vomir, mais qui n'aurait pas laissé sa place pour un festin ! Il se régalait également de limaces dorées au feu de bois.

«C'est encore lui qu'on surprit sous une pluie d'orage, juché en haut d'une charrette de fourrage, tout nu et allongé sur ses vêtements qu'il préservait ainsi de la saucée, par crainte d'avoir à se revêtir de sec comme nous autres, moins inventifs.

«Il lui arrivait d'ailleurs d'adopter cette tenue lorsqu'il binait des betteraves dans la plaine, par temps chaud. Pas gêné le moins du monde. On le regardait de loin et on souriait. Personne n'y voyait malice. Il n'y avait là rien d'indécent, encore moins d'intention perverse, seulement une innocence naturelle. Ce pittoresque gastronome est encore bien vivant ; si par hasard il lit ces lignes, je lui adresse mon plus confraternel salut.

«Je n'ai cité que ces deux cas, mais ils étaient légion en ce temps-là. Du plus gros des fermiers au dernier des bricoliers, chaque campagnard avait son originalité propre. On colportait leurs coups d'éclats et leurs extravagances. Il leur fallait bien cela pour donner un peu de piquant à cette vie harassante dont on dit maintenant : «Ah, c'était le bon temps !» Pour quelques-uns peut-être, mais pour la plupart, tiens, mon œil !» (Lettre de M. Alain Vigner, de Saint-Gondon.)

Un mets des plus piquants.

Les trimardeurs de la batteuse faisaient feu de tout bois et lippée de peu. Ainsi, loin de cracher sur les hérissons, urinaient-ils dessus pour mieux les saisir lorsque ceux-ci s'étaient mis en boule, selon une méthode chère aux renards. Ensuite, ils moulaient le «niglo» déployé dans une carapace de glaise et ils le fourraient vivant sous la braise. La coque était cassée en fin de cuisson, comme une tirelire. La terre arrachait les piquants (n'est-ce pas là, mesdames, le principe de vos cires dépilatoires actuelles ?). La bête se trouvait dépouillée et prête à être boulottée. Les romanichels procédaient de même avec les poules, sans les plumer auparavant. Avec les poules chapardées aux paysans, cela va de soi !

Cette façon d'accommoder le hérisson n'était pas la seule cependant. Un mien copain, chiffonnier-ferrailleur dans les environs de Saint-Léonard, opère différemment. Il assomme d'abord l'animal d'un coup de trique bien asséné, puis il pratique une incision dans une de ses pattes arrière, de la pointe du canif. Aussitôt il y enfile une paille d'avoine et souffle dedans afin de «gonfler» sa proie. La peau se décolle des chairs. Après quoi, barbifier le hérisson ballonné devient un jeu d'enfant ; il suffit pour cela d'un simple couteau convenablement affûté. La préparation se termine par un rapide flambage. La cuisson de la bestiole se fera en cocotte, sur un fond d'ail.

Sachez encore qu'on peut ramasser deux sortes de hérissons dans nos contrées : les nez-de-chien et les nez-de-cochon. Les premiers sont plus courants que les seconds mais les seconds sont plus savoureux que les premiers, parce que plus gros. Les nez-de-cochon se reconnaissent immédiatement à leur rondeur et à leur couleur roussâtre. Ils se laissent facilement attraper durant les froids, quand ils se blottissent douillettement au creux de leur nid en friche sèche. Pendant cette saison-là, qui s'y frotte ne s'y pique donc pas forcèment. Encore faut-il posséder le tour de main adéquat, bien évidemment.

Toutefois, d'aucuns naturalistes fort savants objectent qu'il n'existe point deux races de *hericius* en nos campagnes, mais une seule et unique. A les en croire, les mêmes animaux paraissent si grassouillets en automne que leur tête semble pourvue d'un groin, et si maigrichons au printemps — après l'hibernation — que leur nez s'allonge en un museau de méchant roquet. Une métamorphose identique s'observerait chez les blaireaux.

Ceci étant, tournez sept fois votre bêche en l'air avant

d'estourbir un hérisson. Il s'agit en effet d'un mammifère insectivore qui rend d'appréciables services dans les jardins et qui s'apprivoise très facilement. Son espèce est protégée par la loi.

Une affaire qui roule...

M. Christian Bacher, d'Orléans, possède une curieuse roulotte en bois recouverte de tôle peinte à l'extérieur.

Ce véhicule hippomobile, monté sur quatre roues à bandage plein, s'ouvre par une porte vitrée, deux fenêtres latérales et deux vantaux sur le toit aux bords arrondis. Sous son châssis : un énorme coffre.

Reconvertie en caravane de plaisance, cette voiture serait une ancienne roulante qui, en Gâtinais, suivait l'équipe d'un entrepreneur de battage.

Histoire d'eau.

«Au sortir de la guerre, rassasié des combats, je me suis senti une vocation agricole, ce qui m'a permis de connaître la campagne de jadis. Avant 1950, elle avait moins évolué depuis le Moyen Age qu'elle ne le fera de cette date à aujourd'hui. Mais comme je n'étais pas «né-natif» dans la profession, il ne me fut pas facile de me faire admettre. Il m'a bien fallu trente ans pour cela !

«Il n'y avait que deux tracteurs dans la commune lorsque je me suis installé. La batteuse et la locomobile étaient amenées au pied des meules à grand concours d'attelages par des chemins où elles roulaient mal.

«Je me souviendrai toujours de mon premier battage, de ce branle-bas pour tout préparer, trouver les bonshommes manquants, nourrir tout ce monde de telle manière qu'on ne pourrait critiquer la manière dont je «recevais», la hantise qu'il ne pleuve, etc. Par la suite, je n'ai jamais vu arriver ce moment sans terreur, et la «moiss-batt» fut accueillie comme une libératrice.

«Bien entendu, il n'y avait pas l'eau courante. On «tirait» au puits pour les besoins ménagers, mais il n'était pas question de s'en servir pour ce gouffre que représentait la locomobile. Par chance, je disposais d'une mare profonde et de belle étendue. C'était en fait un petit étang. Lorsque j'ai parlé de l'utiliser pour approvisionner la chaudière, le chauffeur a carrément refusé, prétextant qu'elle ne manquerait pas de «bouillir» car elle contenait trop de poissons. Or, quelqu'un me souffla tout bas, à l'oreille, qu'il ne faisait pas tant d'histoire avec mon prédécesseur.

«Néanmoins, je ne voulais pas faire d'esclandre ni me dégonfler, puisque c'était uniquement ce qu'on attendait. Un voisin secourable me prêta un cheval et une tonne à eau, un autre me permit de puiser dans sa propre mare. J'ai fait la navette et tout s'est bien passé.

«Au moment du paiement, je ne me suis pas montré «ch'tit», y compris et surtout, en toute duplicité, envers le chauffeur qui ne manqua pas d'établir, comme je l'espérais, une relation entre le pourboire et l'eau de ma fosse ; il manifesta comme un remords immédiat. Peut-être après tout qu'elle aurait pu convenir... Et comme de fait, les fois suivantes, elle convint !» (Lettre de M. Alain Vigner, de Saint-Gondon.)

OSMAN GASNIER, CONDUCTEUR DE BATTAGE AU HAMEAU D'ORIGNY (75 ans).

Osman dit lui-même qu'il est né sous la cabane d'un bout de vigne, par hasard, et que sa mère l'a ramené à la maison dans son devantier !

C'est un personnage que l'on connaît bien dans les parages de Josnes. Il n'est guère de jours qu'on n'entende teuf-teufer sa Deux-Chevaux verte dans les rues du bourg. Il marche en fauchant de sa jambe raide — un souvenir du fameux 18 juin 40, une rafale de mitraillette — et il n'aperçoit jamais un gamin sans fouiller dans la poche de son paletot pour en retirer une poignée de noisettes. C'est sa manière à lui de montrer aux gosses qu'il les adore. Un bon bonhomme, vraiment.

Il est vrai qu'avec un prénom comme le sien, il n'est guère facile d'être confondu avec le commun des quidams. Beaucoup pensent d'ailleurs à un sobriquet, sans en chercher davantage. «Pas du tout, leur rétorque Osman en souriant. Il s'agit bel et bien de mon nom de baptême. Ça viendrait de Turquie, à ce qu'on m'a dit. Mais je ne sais pas pourquoi mes parents, qui étaient beaucerons bon teint, m'ont appelé ainsi. Les gens d'autrefois avaient d'étranges lubies !»

Entre nous, je suis tenté de croire que rien n'a changé de nos jours en ce domaine. Certains prénoms actuels me semblent tout aussi extravagants que ceux d'hier et cela ne contrarie guère le cours du temps. Autre époque, autres vogues...

Osman était lui aussi conducteur de battage, comme Alcide Hermeline. A la différence près qu'il ne menait pas une locomobile mais un tracteur «Société Française», et qu'il travaillait pour le compte d'un syndicat, non pour le profit d'un entrepreneur.

Quand il commença à suivre la batteuse en 1943, Osman n'était qu'un simple ouvrier de l'équipe commandée par Lucien David. Puis il devint engreneur, ce qui représentait déjà une nette amélioration pécuniaire. La machine était alors entraînée par un moteur électrique monté sur un chariot auquel on attelait un cheval.

Vers 1950, les coopérateurs décidèrent d'acheter un tracteur de marque «Société Française», reconnaissable entre tous à son bruit saccadé, son capot vert et ses roues jaunes. Le chauffeur Lucien David, qui s'estimait trop âgé pour apprendre à piloter l'engin, consentit à céder la place à plus jeune que lui. A matériel nouveau, il fallait des hommes neufs. Le président du groupement, André Brûlet, proposa donc le poste à Osman, l'engreneur, comme l'exigeait la coutume. C'est ainsi que notre ami devint le conducteur de la Coopérative de battage et de motoculture du secteur Josnes-Lorges.

Dans ce coin de la Petite Beauce, autrefois, deux sociétés de battage se livraient une sorte de gué-guerre sous prétexte de divergences religieuses et politiques. (Hou-là ! j'en devine plusieurs qui m'accusent déjà de ranimer de vieux conflits. En effet, dès que j'évoque ces désaccords du passé, d'aucuns me soupçonnent illico des pires intentions, comme s'il était déraisonnable d'aborder certains épisodes, pourtant notoires, de ces derniers cent ans. Mais l'histoire populaire, braves gens, n'est pas seulement un conte pour enfants sages ; on y relève maints paragraphes déplorables qu'on ne saurait ignorer. Fermons la parenthèse.)

Donc, autrefois, deux sociétés de battage se partageaient la contrée depuis que la discorde avait provoqué la scission de l'unique association. A l'aube de ce siècle, la vente aux enchères du matériel, sur la place du village, avait permis la constitution de deux syndicats rivaux dans la commune. Il y avait désormais la «Charlotte» (ainsi désignée en hommage à son président, Charles Venot), et la «Huguenotte» (dont le qualificatif soulignait la confession de son président, Abel Boidron). Toutes ces dissensions s'étaient apaisées, évidemment, quand Osman s'engagea dans le second syndicat. La «Charlotte», menée par Louis Boizard, ne regroupait plus grands actionnaires tandis qu'à l'inverse la «Huguenotte», devenue entre-temps la «Numéro un», possédait deux équipes : celle de Marius Blanchard et celle dont Osman faisait partie.

Les statuts furent modifiés après la Seconde Guerre et les syndicats se transformèrent en coopératives. Par la suite, les deux sociétés seront contraintes de fusionner car les battages à poste fixe ne cesseront de diminuer devant la prépondérance des moissonneuses-batteuses. On reviendra ainsi à la case départ. Voilà pour la petite histoire des associations de battage dans les environs de Josnes. On retrouve probablement de semblables anecdotes en divers endroits.

La «Numéro un» disposait d'un équipement de première qualité. Son parc se composait de deux tracteurs, d'une petite batteuse grainetière réservée aux plantes fourragères, de deux grosses Merlin pour le colza, les graminées et les lentilles, et de quatre presses.

La saison débutait dès la Saint-Jean, par les trèfles incarnats et les luzernes. Un travail pénible à cause d'une poussière inimaginable. Marius et Osman, qui travaillaient ensemble sur la grainetière, rentraient le soir plus noirs que des charbonniers. Le trèfle était vendu cher, mais il offrait un faible rendement.

Fin juillet, on remisait la grainetière et l'on sortait les Merlin. Marius et Osman partaient chacun de leur côté. Ils battaient d'abord le peu de colza que les cultivateurs récoltaient alors, puis ils entamaient les céréales : le blé, l'orge et l'avoine. Ils finissaient généralement par les lentilles que les paysans écoulaient aussitôt, en ces années de pénuries alimentaires dues à l'Occupation, sans contenter les plus offrants. «Le kilo de lentilles valait un franc et vingt centimes, se souvient Osman. Presque une fortune. On aurait pu se payer un château avec. Ça se battait sans difficulté à condition de diminuer la vitesse d'entraînement et de desserrer le batteur au maximum pour ne pas réduire les graines en poudre !»

Il faut préciser que plusieurs cultures de maintenant étaient encore méconnues en ces temps-là : les betteraves à graines, les maïs en grains, les tournesols, les sorghos, entre autres.

Comme partout, chaque équipe accomplissait d'abord un tour d'urgence afin de dépanner ceux qui manquaient de provisions. La batteuse se rendait un jour chez l'un, un jour et demi chez l'autre, jamais plus longtemps, en fonction de l'importance des exploitations. Parfois, pour gagner du temps sur les allées et venues, elle s'installait en un endroit convenu où les sociétaires apportaient une ou deux voiturées.

Puis la grande tournée commençait selon un ordre établi d'une année sur l'autre. Les cultivateurs se renseignaient auprès du conducteur pour savoir à quel moment ils devaient tuer le cochon qu'ils destinaient à la nourriture des batteux. Osman visitait ainsi une trentaine de maisons, donc goûtait à une trentaine de porcs. Il passait par les écarts d'Origny, Ourcelles et Prenay. Plus tard, à la réunion des deux coopératives, son périmètre s'étendit sur Lorges, Briou, Morigny, Villemuzard, Fontenailles, Messilly, Cerqueux et Isy. Il séjournait parfois un mois dans un même hameau.

Lors des déplacements, Osman tractait trente-trois mètres de matériel accroché à la file. Le convoi comprenait le «Société française», la batteuse Merlin, la grosse presse à ballots, la petite presse botteleuse, la remorque aux tuyaux à bale et à grain, la souffleuse du monte-grain, enfin la citerne à gazole. L'itinéraire était soigneusement étudié pour permettre une progression sans anicroche. Effectivement, il fallait se soucier des tournants trop accentués qui forçaient à rompre les flèches d'attelage ou à écorner le pignon d'une maison.

La mobilité du tracteur, comparée à la lourdeur des anciennes locomobiles, avait l'avantage de faciliter les manœuvres de rangement. Les gars calaient d'abord la machine puis Osman reculait son «Société» de façon à placer le milieu du volant d'entraînement dans l'alignement du bâti de la Merlin, jusqu'à obtenir la tension désirée de la courroie de transmission. De ce fait, il n'enduisait jamais cette courroie de résine pour pallier un éventuel patinage : il lui suffisait d'écarter le tracteur d'un poil afin de la tendre à nouveau, de serrer le frein et de bloquer un cric sous le nez du «Société» pour que plus rien ne bouge.

Ce tracteur était une mécanique inusable. En revanche, son emploi comportait quelques inconvénients. La rumeur prétendait notamment que ses tressautements continuels exposaient son conducteur à des ennuis cardiaques. Mais on craignait surtout les incendies que son pot d'échappement pouvait occasionner. Par précaution, Osman emboîtait souvent un coude à bale en guise d'embout, qui déviait les étincelles des tas de paille. Un ramonage immédiat s'imposait dès que ce fichu tuyau crachait des langues de feu. La prudence conseillait de garder un cuvier d'eau à proximité.

Le système d'allumage du «Société» était particulier. Il se composait d'un chalumeau à gaz fixé à l'avant et d'un énorme boulet de fonte. Le tracteur ne démarrait, après un rapide pompage de gazole, que lorsque ce boulet était chauffé à rouge cerise. Osman devait se lever de table une dizaine de minutes avant ses équipiers pour préparer cette mise en route. Un porteur de sacs, toujours le même, l'aidait à lancer le moteur. Mais une fois sur deux, le volant d'entraînement tournait à l'envers. Rien de bien grave en vérité. Osman avait l'habitude de ces caprices : il ralentissait le mouvement et à la seconde où le volant prenait le bon sens dans son oscillation de balancier, il enclenchait brusquement pleins gaz. Tout repartait convenablement. Ce n'était qu'un coup à saisir...

Son tracteur, Osman le connaissait par cœur. C'était le sien, avec des pédales spécialement adaptées pour lui faire oublier son handicap. Un soir par semaine, il le ramenait chez lui, dans sa cour, et il le décrassait de sa croûte de cambouis poussiéreux. Il décalaminait le pot d'échappement en y enflammant une giclée de gazole, il briquait le capot, il revissait un boulon défaillant. Il le bichonnait. Le lendemain à la première heure, le «Société» tonitruait derechef à toute berzingue, comme pour réveiller la campagne endormie. «Ah, çà ! les gens devaient sursauter au fond de leur lit quand je fonçais sur mon bolide ! rigole Osman de son air malicieux. Sûr que certains s'en souviennent encore ! Faut pas le dire mais je le faisais un peu exprès, des fois.» Promis : on ne le dira pas. Motus et bouche cousue !

Osman veillait également au bon état du matériel qui lui était confié. Il dressait l'oreille au moindre cliquetis suspect. Il s'arrangeait pour réparer les pannes insignifiantes ; en cas de casse importante, il n'hésitait pas à déranger le forgeron, René Dupuis. Il effectuait le graissage des machines en compagnie de l'engreneur. Malgré sa patte raide, Osman n'avait pas son pareil pour se glisser dans les entrailles de la batteuse. Un véritable contorsionniste.

La journée débutait à six heures tapantes. A la demie de huit et de dix heures, on se dépoussiérait la luette d'un canon. A onze heures et demie on dînait ; puis on roupillait un somme, à l'ombre d'un pailler, pendant une trentaine de minutes. A la reprise de treize heures, chacun se dépelotonnait de la paille et se rattelait à l'ouvrage jusqu'à dix-huit heures et demie. Le tantôt on buvait un verre à quatorze heures et demie et un autre à seize heures.

Les batteux se sentaient trop flapis de leur journée pour s'attarder en veillée. Osman rentrait chez lui à bicyclette quand son tracteur ne réclamait pas un nettoyage.

L'équipe regroupait de dix à douze personnes : le chauffeur, l'engreneur, une couple de broqueteurs (trois sous une ferme de hangar), un aiguilleur et un attacheur à la presse, deux costauds aux ballots, deux autres au grain. Le plus éreintant restait évidemment le portage des ballots. En ce qui concerne les sacs à monter au grenier, il suffisait de donner le bon coup d'épaule.

Le cultivateur s'assurait régulièrement de la qualité du rendu. Il plongeait la main dans la coulée de la goulotte, soupesait la poignée qui s'échappait de ses doigts, croquait quelques grains. Il ordonnait à l'engreneur de desserrer le batteur s'il remarquait des épis mal dépiqués dans la paille.

Parvenus à la base d'une meule, les broqueteurs se

méfiaient des gros rats gris qui se nichaient fréquemment sous les gerbes du dernier lit. Un jour, l'une de ces satanées bestioles coupa l'empeigne d'un soulier d'Henri Rabier, d'un coup de dent. Pour éviter qu'un surmulot ne s'enfile par une jambe de leur pantalon, les prévoyants se laçaient un bout de ficelle autour de la cheville, à la mode des braies d'antan. Un soir, au moment de se coucher, Osman pêcha une souris qui le gratouillait au fond de sa culotte !

L'odeur des rongeurs attirait les chats à l'intérieur de la batteuse, pendant l'arrêt du midi. Le conducteur remettait quelquefois en marche alors qu'un matou furetait toujours dans la machine, et c'était le drame. A Toupenay, un aiguilleur en retira un de la presse à ballots. Le mistigri avait déjà reçu un rude coup de bélier quand Osman débraya in extremis. Il était moins une. Le chat vivait encore, mais il paraissait sacrément étourdi. Aussitôt libéré, il s'enfuit au loin et nul ne le revit fouiner autour d'une batteuse... Chez nous, c'est dans le tuyau à bale qu'un minou faillit pousser ses ultimes miaulements. Toutefois, personne n'osait s'approcher des malheureuses bêtes prises au piège, car chacun sait qu'un chat blessé peut devenir fort dangereux.

L'équipe ne rassemblait pratiquement que des saisonniers originaires de la région, renforcés au besoin par un ou deux voisins serviables. Les trimardeurs étaient rares. On en voyait cependant quelques-uns, des solitaires qui vagabondaient à pied ou à vélo, avec une musette sur le dos. Ils venaient trouver Arcade, le secrétaire de la Coopérative, et ils lui proposaient leurs bons offices. Ils ne fainéantaient point, mais hélas ! ils souffraient souvent d'une pépie endémique. Le soir, certains poivrots dégringolaient entre le tas et la batteuse, pintés à mort. A la fin de la semaine, la panse dûment remplie et la trogne rubiconde, ils disaient à Osman, d'un ton penaud : «Patron, je crois que je vais vous quitter. — Tu ne te plais donc pas avec nous ? — Si, mais je dois partir quand même.» On perdait son temps à tenter de les retenir. Alors Osman calculait leurs heures et Arcade les payait. Grand merci, à un de ces quatre ! Quelques-uns revenaient l'été suivant, la plupart s'égaraient on ne sait où...

Les bulletins de salaire n'existaient pas à cette époque. Le conducteur et l'engreneur touchaient leur argent du secrétaire ; le restant de l'équipe était rétribué par les sociétaires de la main à la main. Certains cultivateurs épluchaient les comptes au point de tatillonner pour un misérable franc. On discutaillait parfois à n'en plus finir sans obtenir gain de cause.

Le conducteur gagnait davantage que l'engreneur, et l'engreneur ramassait plus qu'un simple batteux. Un gars empochait quarante francs de la saison en 1930 (le prix d'une bicyclette), vingt-quatre sous de l'heure pendant l'Occupation. En 1955, Osman percevait quotidiennement dans les huit francs. Trois ans plus tard, cent quarante-six jours de battage lui rapportèrent trois mille deux cent quatre francs et vingt-neuf centimes, soit près de vingt-deux francs par jour.

On connaissait les bonnes maisons, bien sûr, et les moins bonnes aussi. Ici le vin chatouillait le palais, là il s'affadissait d'un curieux goût de flotte. Partout on mangeait en quantité suffisante, il ne faut pas médire à tort, et jamais on ne quittait la table avec les boyaux qui criaient famine. Mais les plats n'étaient pas forcément cuisinés par des cordons bleus, ça non !

Quoi qu'il en soit, une joyeuse ambiance régnait toujours autour de la batteuse. Les gars de machine soutenaient une réputation de farceurs impénitents. On raconte qu'un jour, des lascars s'amusèrent à tartiner du cambouis sur le guidon des vélos que les gendarmes avaient imprudemment accotés près de là. Une autre fois, un plaisantin crut finaud de corner à tout-va en voyant passer une femme qui menait sa vache au taureau. Vous imaginez aisément la corrida qui s'ensuivit ! La bonne femme courut après sa vache pendant plusieurs heures, à travers champs, avant de la rattraper...

La campagne de battage s'achevait ordinairement courant mars. Marius et Osman garaient leur matériel dans le bâtiment de la Coopérative et le révisaient pièce par pièce. Ce nettoyage les occupait pendant une quinzaine entière. De fin mars à début juin, Osman consacrait ses congés à bricoler de droite à gauche, au hasard des travaux communaux et des demandes du voisinage. Il désherbait les allées du cimetière, il jardinait dans le village ou il sarclait les betteraves et les maïs.

Tout fut bouleversé en 1961 quand la Numéro Un acheta sa «Lanz», une moissonneuse-batteuse qui, simultanément, fauchait la moisson, battait le grain et pressait la paille. Deux types abattaient dorénavant le boulot de douze ouvriers, et sans s'échiner. On déchargeait les sacs par dix, sur le chaintre où attendait le plateau du cultivateur. Plus tard, on s'équipera de trémies et on livrera le grain en vrac, directement aux silos de *La Franciade* à Beaugency ou de *L'Union* à Mer. Cela semblait trop merveilleux pour être croyable !

Osman avoue honnêtement que cette invention ne le séduisait guère au début. Il montrait cette même réticence que les chauffeurs de locomobile avaient manifestée devant les tracteurs, vingt ans auparavant. L'histoire n'est qu'un éternel recommencement. Il se disait que cette belle trouvaille échouerait probablement dans les ferrailles, comme celle qui rouillait dans les orties d'Orcières : à présent, l'enthousiasme fondu devant le piètre résultat obtenu, le fermier refusait de l'utiliser !

Osman écouta néanmoins les explications du représentant et il apprit à conduire l'engin de son mieux. «C'était immenable, dit-il. Si tu t'engageais dans la pièce du voisin par inadvertance, tu ne pouvais t'arrêter qu'à l'autre bout ! Et on ne devait couper qu'après l'évaporation de la rosée...»

Il essaya néanmoins de s'accoutumer aux méthodes modernes, bon gré mal gré. Durant la semaine, il se relayait avec Marius ; il se sacrifiait un dimanche sur deux. «Tout change trop vite, maugréait-il. Bien malin qui peut dire où l'on va !» Il devinait confusément qu'une profonde mutation était en train de s'opérer, au détriment des hommes de sa condition. Le 30 septembre suivant, il abandonnait la partie et devenait garde champêtre.

Aujourd'hui, Osman Gasnier admet volontiers que l'apparition de la moissonneuse-batteuse fut une étape nécessaire dans l'évolution du monde agricole. A freiner on n'avance pas. Une ère nouvelle sonnait. Mais c'était une ère où les ouvriers de son âge n'avaient plus aucun rôle à jouer...

Rencontre de l'été 86.

M. René Chaubert, d'Orléans, nous rappelle que les tracteurs existaient déjà pendant la Grande Guerre. A ce sujet, il nous avait envoyé une communication que nous avions publiée dans le second tome de la collection *Ils étaient de leur village.* Il nous écrit de nouveau :

«Le ministère de l'Agriculture institua des batteries de tracteurs agricoles à la fin de 1918. En janvier suivant, je fus désigné pour diriger une de ces batteries avec le titre de régisseur. J'avais sous mes ordres dix tracteurs américains de marque «Titan», dix charrues trisocs, vingt conducteurs, un mécanicien, un forgeron, un comptable, un secrétaire, deux chauffeurs pour un camion Renault et une automobile Ford, et une cuisinière.

«Ces tracteurs à essence démarraient avec une adjonction de pétrole et de vapeur d'eau. Ils se mettaient en route grâce à une grande manivelle de côté. On s'en servit pour remettre en état les champs des régions libérées. Pour ma part, j'ai travaillé avec dans le sud-est de Lille.»

Osman sur son «Société» en septembre 1962 (Collection particulière).

Les enfants à la fête.

«Je suis originaire de Vigneux-de-Bretagne, en pays nantais. Dans mon enfance, j'ai connu les dernières locomobiles et, surtout, je conserve quelques souvenirs des battages du blé avec les tracteurs et les batteuses. Habitant le bourg, j'ai participé à ces travaux dans les deux ou trois fermes où mes parents, artisans, m'envoyaient chercher du lait, des œufs et des volailles.

«Là-bas, les fermes se regroupaient par dix ou douze au sein d'une équipe de batterie pour le circuit d'un tracteur «Vierzon» et d'une batteuse. Le temps de la saison, chaque ferme devait fournir un ou deux ouvriers : soit le fermier, soit son employé, soit un journalier. Le travail ne différait guère de vos descriptions. Les gerbes étaient liées à la paille (avant et pendant la guerre). L'ouvrier, sur la batteuse, coupait ce lien de sa serpette et l'engrenait avec la bottelée.

«Nous, les enfants, avions habituellement un travail facile, mais utile cependant. Deux choses nous étaient demandées : le ramassage de la bale et la distribution du cidre. La bale devait être poussée près d'un mur ou d'une haie. Nous l'entassions à l'aide d'un racloir. La seule difficulté était de passer sous les courroies. Les femmes venaient y remplir leurs paniers pour garnir des oreillers et des traversins.

«Je descendais à la cave avec une bouteille et je tirais le cidre à la barrique. Il y avait toujours là deux ou trois hommes qui se reposaient en buvant et en bavardant, à tour de rôle. Mon arrivée était la bienvenue sur le gerbier. Mais je devais faire attention au coup de fourche maladroit car on ne m'entendait pas approcher dans le bruit de la batteuse.

«Un jour de grand vent, en reculant du monte-charge d'où s'envolaient des paquets de paille, j'ai glissé de la meule et je suis tombé de plusieurs mètres sur l'herbe avant qu'un ouvrier ait pu me retenir ou crier gare. Abasourdi, je ne me suis relevé qu'après quelques secondes,

au soulagement de tous. La bouteille n'avait pas de mal !

«Malgré notre faible contribution à la moisson, nous avions droit au repas de batterie : c'était le principal intérêt de cette main-d'œuvre que nous fournissions gratuitement. Ah ! ces repas pantagruéliques ! Sous le hangar, on dressait des tables en longues planches posées sur des tréteaux, on alignait des bancs et des chaises. Il y avait des nappes blanches, des assiettes solides, et parfois même des bouquets comme à une noce.

«Chaque ferme assurait un repas à la fin du travail, sauf si sa durée de battage était trop réduite. Dans ce cas, deux maisons s'arrangeaient entre elles : une année l'une, une année l'autre. Ainsi, certains jours, on festoyait à trois reprises. Le menu variait peu : une soupe aux légumes et au pain trempé, de la charcuterie et des crudités, une viande en sauce (poulet, lapin ou pot-au-feu), un rôti de bœuf ou de veau accompagné de légumes verts et de salade, fromages, fruits ou gâteau, cidre ou vin, café et pousse-café. On accordait aux enfants un canard à la gnole ou au rhum. Un vrai régal !» (Lettre du docteur Legoux, de Bulles.).

Belote ou rebelote !

«L'arsenal de la Coopérative de battage sortait chaque année pendant une dizaine de jours. Cet ensemble composé d'une batteuse, d'une locomobile et d'une lieuse de paille appelée «guignol», effectuait le tour de la commune, battant une journée maximum chez l'un, une demi-journée chez l'autre, employant douze à quinze personnes. Cela donnait surtout une occasion de rassemblement aux petits cultivateurs et aux ouvriers ; ils étaient heureux de se rendre service et de se réunir au moins une fois l'an autour d'une bonne table. Car la maîtresse considérait comme un devoir de mijoter au mieux un repas qui ferait honneur à sa maison.

«Ces repas, principalement ceux du soir, duraient longtemps et se terminaient souvent par quelques belotes ou histoires très pittoresques. Il est bien évident que les fermes les plus importantes faisaient appel à un entrepreneur de battage dont les méthodes de travail n'étaient pas du tout les mêmes.» (Lettre de M. Pierre Péron, de Fleury-les-Aubrais).

La fille d'un entrepreneur entreprenant.

«J'ai soixante-cinq ans, je suis la fille d'un entrepreneur de battage et je reconnais beaucoup de scènes vécues dans vos histoires.

«Mon père était assez moderne. Bien avant la Guerre de 39, plusieurs de ses matériels étaient équipés de monte-gerbes, d'engreneurs automatiques et même de monte-sacs. Il y avait aussi des lieurs mécaniques et, ensuite, des botteleuses Rousseau ou Rivierre-Casalis. De la sorte je n'ai jamais vu quinze personnes autour d'une batteuse, même au temps de la chaudière.

«Mon père eut son premier tracteur en 1928, en même temps que M. Trumeau de Saint-Lyé-la-Forêt. Ces tracteurs arrivaient en gare d'Artenay et je me souviens que tous les gens du village accouraient sur la place publique pour les admirer. Ça fumait, ça pétaradait, ça faisait beaucoup de bruit en roulant sur les bandages de fer.

«En 1936, les batteuses et les presses à ballots furent montées sur pneus. Cela permettait un déplacement plus rapide et plus silencieux. Mon père battait à vingt kilomètres à la ronde.

«Pendant l'Occupation, avec ma mère et mes sœurs, je travaillai presque toujours à la batteuse. Nous coupions les ficelles, nous passions les fils de fer ou nous approchions les bottes sur le tas. Mes frères, les plus jeunes de la famille, ne nous ont aidées qu'à la fin de la guerre. Puis tout a évolué...

«Mes frères, qui sont aujourd'hui entrepreneurs de travaux agricoles, ont conservé un de ces matériels. Ils le

faisaient encore tourner pendant quelques jours voici cinq ans. J'étais très émue en regardant cet équipage.» (Lettre d'une lectrice de Crottes-en-Pithiverais, qui désire garder l'anonymat.)

La première paye.

«C'était durant l'été 1943. J'avais alors douze ans. Un fermier du voisinage vint demander à mes parents si je pouvais remplacer le délieur car la batteuse se trouvait chez lui mais le titulaire s'en allait. Le lendemain, je me levai donc de bon matin puisque la machine se mettait en route à cinq heures et demie. On devait travailler à jeun pendant deux heures avant d'avoir le droit de manger.

«La locomobile, chauffée au bois, était sous pression. Après un bref coup de sifflet, le chauffeur actionna un levier et les volants commencèrent à tourner. Des entrailles de la batteuse, la poussière et les fleurs de chardons emmagasinées la veille sortirent en un gros nuage. La presse fonctionnait à vide dans un bruit infernal. Tout tremblant, je grimpai sur la batteuse par l'échelle. L'engreneur était déjà sur le pont. A mes pieds, le batteur bourdonnait ; tout l'ensemble trépidait. J'avais bien du mal à me tenir debout.

«En ce temps-là — l'Occupation —, la ficelle en sisal ou en papier n'existait plus. Les gerbes étaient liées avec du fil de fer ; en aucun cas il ne devait en passer un bout dans la paille car les vaches et les chevaux, l'avalant, en seraient crevés. A l'aide d'une pince coupante, je sectionnais le fil juste au nœud pour mieux le retenir. Je le dégageais de la paille, je le coupais d'un coup sec puis j'étalais la gerbe devant l'engreneur. Celui-ci n'avait plus qu'à la pousser dans le batteur en la divisant encore.

«A huit heures, j'avais déjà les mains en sang, des chardons pleins les doigts. La journée fut un calvaire. Aux repas, la nourriture ne coulait pas. La boisson n'était que de la piquette et, en plus, on buvait tous dans le même verre, chiqueur ou non !

«Au soir, j'étais complètement lessivé. Après la soupe au gras, le pot au cochon et un morceau de fromage douteux, ce fut la paye. Le chauffeur et l'engreneur reçurent leur argent les premiers, puis les porte-sacs, puis les autres. Sauf moi. Le fermier dit alors : «Il faudrait bien donner quelque chose au petit délieur». Une espèce de trimardeur, celui qui faisait office de broqueteur, s'insurgea aussitôt : «Le petit délieur a fourni le travail d'un homme, il doit être payé comme tel !». Le fermier me donna mon dû sans retorquer, craignant la colère de mon protecteur inattendu. Sans cet homme, je me serais usé pour rien, ou presque.

«J'ai gagné soixante-cinq francs de l'époque. Cette première paye, je m'en souviendrai toujours.» (Lettre de M. Jean Pasquet, de Semoy, qui fut gars de batterie pendant huit ans).

La raison du plus fort.

«C'était pourtant une bonne ferme, avec un hangar plein jusqu'aux auvents, et l'une des meilleures équipes de battage du canton. Néanmoins, le fermier ne cessait de rouspéter sur tout, de critiquer, de réprimander. Alors le chauffeur, n'en pouvant supporter davantage, saisit la masse ; il aurait pu assommer le fermier mais il préféra faire choir la courroie de transmission. Le moteur du tracteur s'emballa et la batteuse s'étouffa aussitôt. On arrêta le travail. Les cales furent retirées ; le matériel quitta l'endroit en un triste convoi, sous les injures du fermier. Les batteux avaient abandonné le chantier, ils ne seraient pas payés...

«Je trimais alors dans une autre équipe. Nous vîmes arriver l'entrepreneur. Il parla longuement avec notre chauffeur. A la halte suivante, il nous réunit et nous

expliqua que le comportement de nos collègues risquait de lui faire perdre un «bon» client, qu'il avait dû présenter des excuses, qu'on devait aller terminer le travail laissé en plan... Il fit transporter — un dimanche ! — le matériel chez l'agriculteur irascible et le lundi matin, sous l'œil noir de ce dernier, nous achevâmes ce que nos confrères avaient refusé de finir.

«Cela se déroulait en 1946. Les usines ne fonctionnaient plus dans la région et les fermiers régnaient en maîtres sur les petites communes, comme au temps des seigneurs. Les pauvres devaient courber le dos sans se rebeller s'ils voulaient travailler.» (Lettre d'un lecteur désirant garder l'anonymat.)

Le porte-sacs et le porte-monnaie.

«Le Giennois ne disposait pas, comme la Beauce, de tous ces traînailleux qui formaient une masse de manœuvre dans laquelle on pouvait piocher à volonté. Les journaliers disponibles commençaient à se raréfier. On se «rendait le temps» entre voisins, soit que l'on envoyât son commis, qui rechignait souvent, soit qu'on payât de sa personne. C'est ainsi que je fus affecté aux sacs dans pas mal de fermes.

«Je n'avais pas choisi ce poste, qui correspondait pourtant à mes capacités, je m'en suis rendu compte par la suite, mais tous les autres paraissaient déjà pris. Chacun s'était vite emparé d'une fourche. Finalement, je n'étais pas le plus mal loti. Pas question de postuler un emploi à responsabilité. Entasser la paille, par exemple, était une œuvre de spécialiste hautement qualifié. Ça ne m'emballait pas non plus de «tendre» les gerbes. On faisait alors partie d'une équipe ; c'était presque du travail à la chaîne, fastidieux. Les sacs laissaient quelques moments libres : lorsque la récolte n'était pas fameuse, ou quand on livrait le grain au grainetier au lieu de le monter au grenier... Dans ce dernier cas, on chargeait

seulement les sacs dans la voiture après les avoir «réglés» sur la bascule (un kilo en sus pour l'emballage !).

«Le patron venait de temps à autre vérifier si ça «pissait» bien. Il recueillait un peu de grain dans le creux de sa main, l'éprouvait de l'ongle, le goûtait, l'appréciait en connaisseur, d'un hochement de tête, et donnait son avis. J'opinais toujours. Comme au début je savais à peine distinguer un grain de blé d'une pomme de terre, je me gardais de formuler le moindre jugement. Par la suite, j'ai appris !

«La première fois, je m'épouvantais d'avoir à me coltiner des cent kilos sur des distances qui pouvaient atteindre une centaine de mètres, puis de les monter au grenier, quelquefois par l'escalier, le plus souvent au moyen d'une échelle. Je préférais de beaucoup l'escalier, d'autres aimaient mieux l'échelle. Au bout de plusieurs journées, j'avais pris le rythme et n'en faisais plus un exploit. C'est beau d'être jeune !

«Une fois le sac déchargé, on marquait un trait sur une poutre, à la craie ; le patron pouvait évaluer sa récolte d'un regard.

«A côté de la porte, la dive bouteille. Personnellement, je n'en usais pas, ce qui semblait anormal. Sans vin, on ne va pas loin ! D'autres tombaient dans l'excès inverse, qui n'arrivaient pas à terminer la journée. Pour se prémunir contre de tels incidents, la fermière «coupait» son vin en «boisson». Double bénéfice : du travail en plus pour du pinard en moins.

«D'une manière générale, et indépendamment du rendement, la vitesse de battage résultait de la générosité du patron et de la qualité du menu. On connaissait les places d'avance. Dans certaines, on était sûr de ne manger que du cochon ou quelque vieux coq désintégré à force de cuisson pour le ramener à un degré supportable de comestibilité. L'esprit d'économie surpassait la vaine gloriole de passer pour la meilleure table. En d'autres endroits, la fermière s'ingéniait à diversifier les repas et à servir du vin moins clair. Finalement, tout le monde y gagnait : il s'y battait plus de gerbes à l'heure que dans les maisons où l'on rognait sur tout. Pourtant, on était souvent tenté de quitter au plus vite les lieux inhospitaliers pour, au contraire, s'attarder là où l'on était bien

traité. Mais par souci de moralité, on sacrifiait volontiers son propre bien-être. De la vertu, pour ainsi dire !

«Le moment de vérité était celui de la paie. Le chauffeur griffonnait sur un bout de papier le compte d'heures. A partir de là, le patron — ou la patronne — préparait ce qui revenait à chacun. On avait souvent intérêt à ce que ce soit le patron qui se chargeât de l'opération : il avait plus tendance à arrondir et d'aventure, pour compenser la pingrerie d'une épouse, il distribuait quelque pièce en douce. D'habitude, les «porteux de sacs» avaient droit à un petit supplément, selon la peine qu'ils s'étaient donnée, mais rien n'y obligeait. Et ce n'était pas forcément les plus à l'aise, ni ceux chez qui on en avait le plus bavé, qui se montraient les plus «francs».

«Je me souviens d'une ferme où l'on m'avait supplié de venir, ce qui ne m'arrangeait vraiment pas. J'y avais particulièrement arcandé. Les meules étaient éloignées ; tout avait été monté au grenier par une échelle raide ; en haut, la porte était trop basse pour que l'on pût la franchir debout avec son sac sur le dos. Il fallait le décharger à l'entrée, le reprendre et le traîner jusqu'au tas. C'était exténuant. Bien évidemment, il n'était pas question de s'insurger contre les conditions de travail. D'autres y étaient passés avant et n'en avaient pas fait tout un plat. Pour le coup, on m'aurait traité de petite nature et de paysan d'opérette. J'espérais qu'au moins, à titre symbolique, la fermière ferait un geste. Je t'en fiche ! Il s'agissait d'une personne aussi organisée que resserrée du porte-monnaie. Elle s'était garantie contre le manque de menues piécettes. Elle avait tout un stock de mitraille qui lui permettait de régler au sou près. Je fus payé jusqu'au dernier centime, mais pas un de plus. C'était comme ça. L'inverse aurait paru insolite.» (Lettre de M. Alain Vigner, de Saint-Gondon.)

Les lapins à plume.

«Perché sur sa batteuse, l'engreneur pouvait jeter un regard à l'arrière de la machine. Il se rendait compte ainsi du rendement, de l'arrivée de la bonne apportant le canon, de la visite inopinée des gendarmes. Et aussi du travail de la fermière et des servantes en cuisine.

«Dans les fermes bien organisées, vers neuf heures et demie, le repas de midi s'élaborait déjà. Un panier avec des poireaux, un navet, des choux et des carottes signifiait un pot-au-feu ou le pot au cochon. La poursuite d'un vieux coq ou d'une poule déplumée laissait prévoir un ragoût. Un lapin occis après onze heures annonçait un civet mal cuit pour le dîner. Quant au mouton qui mijotait dans la casse de fonte de la chaudière à lessive, il pouvait durer pendant quatre jours. Seuls changeaient les légumes : haricots, navets, pommes de terre, haricots encore... Dans une maison dont la principale activité était le braconnage, nous mangions du lièvre trois fois par jour. Or du lièvre au petit déjeuner, ce n'est pas facile à avaler !

«Mais il y avait des fermes où la maîtresse se surpassait. Si le lapin était mal cuit le midi, il reparaissait le soir dans le même plat que la poule, comme dans les boîtes de pâtée pour nos chiens d'aujourd'hui. Quand la marmite arrivait sur la table et que chacun s'était servi suivant l'ordre hiérarchique, les derniers n'avaient plus que les têtes. Quelquefois, pendant les repas, les batteux essayaient d'identifier la composition du mets. Certains laissaient sur le bord de leur assiette les plumes qui flottaient dans la sauce.

«Quand se déclara la myxomatose, les batteux débarrassèrent les clapiers de leurs lapins suspects. On en voyait dans les enclos en arrivant mais il n'y en avait plus lorsqu'on repartait.

«Dans les fermes où la nourriture était honnête, on dévorait comme des ogres, autant pour compenser ce qui avait manqué avant que pour se préparer à affronter

l'après. Le noah aidait à faire couler la poussière. Il fallait un estomac solide pour résister à un tel régime !» (Lettre d'un correspondant désirant garder l'anonymat.)

Elles faisaient des petits gâteaux.

«C'était un samedi dans une belle et riche ferme. A midi, la meule de blé que nous devions battre était encore au-dessus de la couronne et il semblait impossible de la terminer dans la journée.

«Au moment du déjeuner, nous vîmes les filles de la maison appliquées à confectionner des gâteaux dans un coin de la grande salle. Une agréable odeur de pâtisserie nous caressait les narines. Crédules, ô combien ! nous nous imaginions déjà au repas du soir, savourant ces délicieuses gâteries. L'après-midi fut une véritable course à l'ouvrage. Le soir, la meule était finie ; le pailler avait fière allure avec son enfaîtement parfait, une poignée de paille à chaque extrémité et des bottes de rive nouées ensemble qui lui donnaient l'aspect d'une toiture de chaumière. Rien ne traînait, tout était impeccable.

«Nous nous mîmes à table. Soupe grasse (on n'en prit guère), puis pot au cochon (juste un peu), puis le fromage (pas beaucoup). Nous nous réservions pour les gâteaux. Et nous attendîmes. Mais rien ne vint. Sans un mot, le fermier nous paya et nous dûmes partir fort dépités, dégoûtés de notre pauvre condition, pareils à ces ânes qui n'avancent que pour saisir la carotte qu'ils ne mangeront jamais.» (Lettre de M. Jean Pasquet, de Semoy).

Un freux affreux.

Crénom ! je n'aurais jamais osé attribuer une si belle âme à certains de mes semblables. Voici de quoi il retourne. Lisez bien : ça vaut son pesant de moutarde, de celle qui me picote vite le nez.

Il y a quelques jours, un aimable lecteur m'adresse plusieurs feuillets à propos des battages auxquels il a participé autrefois, afin d'ajouter — sur notre invitation — son témoignage à cet ouvrage. Les anecdotes qu'il relate remontent à une quarantaine d'années. Aucun nom n'y est cité, aucune allusion ne permet de reconnaître l'un ou l'autre. Pas un mot de diffamation à l'encontre de quiconque en particulier. Très bien. Je publie volontiers, dans le quotidien régional, ces informations qui cadrent parfaitement avec les besognes évoquées puisque personne ne devrait s'estimer interpellé.

Mais qui se sent morveux ne peut s'empêcher de se moucher.

Peu après, notre correspondant reçoit une prose fort intéressante, au style pour le moins édifiant. La lettre est anonyme, cela va de soi, car une telle franchise ne supporte aucune signature. Cette délicate bafouille a voleté jusqu'à moi, telle une méchante feuille morte avant l'automne, et je ne peux me retenir de vous la soumettre. Bien évidemment, je la reproduis in extenso dans toute sa poésie, sans en corriger les fôtes d'hortografe :

«Monsieur je vous connais je vous ai servi la soupe à la table de ma batterie mais souvenez vous sur ma cuisinière j'avais deux cocottes très propre ou mijotais soit un bauf mode ou du bœuf mode bourguignon un fait-tout avec dedant de la soupe au vermicelle ainsi que des pommes cuites au four et du vin rouge. A votre sortie de table je n'avais plus qu'à décroter vos pattes sales. Quelle honte pour vous d'écrire des choses pareil, sur un journal, quelle honte pour vous et votre famille, tout le pays n'a que de vous à parler votre pauvre mère que vous attaqué

doit en rougir de honte dans le fond de sa tombe et votre père qui raclait souvent le fond de sa bourse ? Je vous connais, vous avez bien de la chance de brasser maintenant des millions, je connais la vie ?... Fermer donc votre grande gueule monsieur, je vous ai fait votre soupe et décroter vos pattes sales et fermer votre grande gueule. Je vous connais. Regardez-vous ?

Une cultivatrice.»

C'est joliment écrit, n'est-ce pas ? et qu'en termes choisis ces compliments-là sont-ils exprimés ! Quel dommage de devoir clouer le bec à un tel oiseau ! Mais attention, Madame l'épistolière inconnue : à trop croasser, un corbeau (ou une corneille) y laisse toujours des plumes.

**LOUIS HIAULT, MEUNIER À VENT
À SAINT-LÉONARD-EN-BEAUCE (85 ans).**

Louis est l'héritier d'une longue famille de paysans qui servit la meunerie à vent, sans interruption, depuis le règne de Louis XV. Autrefois, les Hiault tenaient moulin à La Madeleine-Villefrouin. Le bisaïeul, marié à la fille du meunier de Conan, s'établit comme farinier à Saint-Léonard-en-Beauce et sa descendance n'en bougea plus. En ces époques, les ailes se tendaient encore de toile ; c'est le grand-père de Louis, Jean-Denis, qui fit remplacer cette voilure par un assemblage de planches coulissantes, tel qu'on en voit de nos jours sur la plupart des moulins restaurés. Grâce à cet ingénieux système inventé par le mécanicien Berton en 1840, le meunier pouvait régler la surface déployée, en fonction de la force du vent, sans accomplir les acrobaties d'antan, quand il devait «dévêtir» à la hâte dès qu'une bourrasque menaçait à l'horizon. Maintenant, il actionnait une tirette de l'intérieur et tout était immédiatement résolu. En outre, cette amélioration permettait d'augmenter l'envergure des ailes ; c'est alors qu'on dut rehausser les piliers de nombreux moulins.

Celui de Saint-Léonard semblait fort ancien puisqu'il figurait déjà sur une carte que Cassini de Thury dressa au XVIIIe siècle. Toutefois sa poutre d'assise, la sommière, aurait été changée en 1811 à en juger la date gravée sur un de ses pans. Ce genre de réfection était pratique courante.

Les charpentiers soulevaient ces constructions d'une quarantaine de tonnes à l'aide de vérins sans, dit-on, en montrer grand chagrin.

Il n'était pas rare, d'ailleurs, qu'on décidât du déplacement d'un moulin à la suite d'une cession ou de la recherche d'un endroit mieux venté. Les exemples ne manquent pas. Ainsi, celui que l'on peut visiter à Maves fut-il construit à l'origine, vers 1450, à Boisseau, avant d'être replanté à Epuiseau, dans les environs d'Oucques-la-Joyeuse. Ce n'est qu'en 1870 que Modeste Tournois le fit démonter pièce par pièce pour l'installer en son lieu actuel.

Le moulin à Cataudiau, de Concriers, qui avait brûlé en 1861, céda la place à celui dont on se défit à Bizy, près d'Ouzouer-le-Marché. Celui de La Caillardise, à Gidy, fut poussé de trois cents mètres vers la hauteur afin de bénéficier d'une meilleure prise au vent ; l'opération se fit sur des rouleaux et demanda trois semaines d'efforts, à en croire la tradition orale. Le moulin du Chesnay, à Moutiers, fut écarté d'une cinquantaine de mètres pour libérer ses abords que le propriétaire vendait en terres labourables. En 1873, celui de Montbricon fut transporté à Saint-Martin-sur-Ocre, au lieu-dit «La Grande-Maison», pour le compte de David père ; racheté une vingtaine d'années plus tard par Marius Lahaye, le moulin fut démoli et son bois vendu en loterie pour financer l'édification de l'église que le curé Ramondot appelait de ses vœux. Nous pourrions citer encore maints cas semblables...

On distinguait trois types de moulins à vent par chez nous : les «tours» dont le toit pointu coiffait un corps de pierre cylindrique sur lequel il virait pour orienter ses volants ; les «caviers» qui perchaient leur petite cabine — la hucherolle — au faîte d'une haute maçonnerie tronconique ; et les «chandeliers de plaine», de loin les plus nombreux.

Imposantes caisses aveugles dont les bras paraissaient davantage brasser les airs qu'être vraiment battues par la bise, ces mastodontes de bois provoquaient tout à la fois des impressions de brutale pesanteur et de grande vulnérabilité, un peu comme ces géants de légende qui pouvaient bouleverser ciel et terre autour d'eux mais qui chancelaient sous un jet de fronde.

Leur charpente pivotait autour d'un axe vertical, le bourdon, dont les soles en croix et les étançons reposaient sur quatre murets. Ce bourdon supportait la sommière, la poutre maîtresse qui, percée en son milieu d'une mortaise d'appui, assurait la giration de la carcasse. La stabilité du moulin dépendait du parfait équilibre de ces éléments.

L'ossature, la grande partie du mécanisme et le bardage étaient en bois. Légèrement incliné sous la toiture, énorme, d'un poids approchant les deux tonnes, l'arbre de couche, solidaire des ailes, transmettait son mouvement aux engrenages par une large roue dentée, le rouet. Dessous se trouvait la trémie qui déversait son grain dans l'orifice central des meules au moyen d'un auget secoueur. Nous ne reviendrons pas sur la description des meules déjà mentionnée dans le second volume de notre ouvrage «Les Gagne-Misère», au chapitre des rhabilleurs.

L'étage inférieur comportait le régulateur à boules et la goulotte d'où s'écoulait la mouture à ensacher. C'était également à ce niveau de la «cage», autrefois, que se situaient les tamis en soie naturelle qui composaient la bluterie. On récupérait la farine panifiable et les issues par des conduits séparés. Le son et le gruau servaient à l'alimentation des bestiaux.

En ces temps-là, chaque ménagère cuisait la miche de sa maisonnée. Les clients apportaient leur grain tandis que ceux qui ne récoltaient rien — exception faite du curé, du maître d'école et de quelques bourgeois — venaient acheter leur besoin directement au moulin. La mouture et le blutage d'un sac de blé coûtaient alors dans les quarante sous. Guère plus de la moitié pour un sac d'orge.

C'était l'âge d'or de la meunerie familiale pour peu que le moulinier sût moudre une fine et belle farine. Le père de Louis, Daniel Hiault, s'honorait de posséder le tour de main qui convenait. Il donnait cent kilos de farine au boulanger du village et le boulanger lui rendait cent kilos de pain. Car avec cent kilos de farine, un bon mitron pouvait produire cent et vingt kilos de pain ; la différence constituait donc sa façon et son bénéfice.

Les meuniers de Gidy, quant à eux, étaient aussi boulangers. Ils cuisaient deux fournées par semaine : la première pour leur consommation et la deuxième pour celle des gens du pays.

Un meunier à vent ne travaillait qu'à façon. Il n'achetait donc pas de céréales pour les revendre en farine ou en pâtée ; il écrasait seulement le grain que les paysans reprenaient moulu.

L'interdiction de moudre farine, en 1910, porta un rude coup à la meunerie traditionnelle. Désormais, on ne devait plus cuire son pain. A plusieurs reprises les gendarmes vinrent perquisitionner chez des minotiers suspectés de fraude. On ne rigolait pas avec la loi, non mais ! Les fariniers furent alors condamnés à ne produire que de la repasse destinée à l'alimentation animale. Parce qu'il ne pouvait plus participer à la préparation du pain quotidien cher aux hommes, le meunier perdait le rôle quasi religieux qui le valorisait jadis.

Louis devint le maître du moulin de Saint-Léonard à son retour du régiment, en 1922, l'année où la tuberculose emporta son père. Cette terrible maladie causait beaucoup de ravages parmi les meuniers, du fait de la poussière qu'ils respiraient à longueur de journées. Daniel Hiault n'avait que cinquante-trois ans lorsqu'il mourut. C'était une profession qui comptait moins d'alertes vieillards que de poitrinaires encore jeunes.

Mais plus que les affections pulmonaires, le meunier craignait l'accident. Dans un moulin où toute pièce n'obéissait qu'aux humeurs incontrôlables du vent, où tout rouage se hérissait de dents et d'alluchons comme pour agripper l'imprudent, où la pierre écrasait et broyait avec avidité ce qu'elle pouvait happer, la moindre étourderie risquait d'être fatale. C'était ici un commis écervelé qui n'aurait jamais dû s'approcher si près des ailes, là un client inconscient qu'une poulie accrochait par le gilet.

En 1927 à Talcy, Charles Hardillier fut étranglé par son écharpe qui s'était nouée au pignon du monte-sacs. Le malheureux tournoya autour de l'arbre, les vertèbres brisées et les pieds fouettant le vide jusqu'à s'en décharner.

Louis faillit chèrement payer sa témérité, lui aussi. Une nuit que son moulin tournait à plein régime, il entreprit de graisser l'arbre tournant sans mettre en panne. Aussitôt un boulon du rouet l'attrapa par le derrière de son pantalon et, par miracle, l'envoya choir sur les couvre-meules. Louis réalisa dans la seconde le drame qu'il venait de frôler. Il n'eut que la force d'arrêter le moulin et, les pattes en coton, le visage plus blanc qu'un linge, de rentrer à la maison pour se remettre de ses émotions. «Et pourtant, dit-il, je connaissais le moulin comme le fond de ma poche puisque j'y travaillais depuis l'âge de treize ans en compagnie de mon père ! Mais un jour, on se croit plus malin que les autres, on se fait trop confiance et vlan ! c'est l'imprudence qui ne pardonne pas !»

On redoutait également le feu et la foudre. Le moulin de Villesiclaire s'embrasa comme une torche sous l'orage, et bien d'autres encore. Parfois, on accusait le poêle à bois qu'on allumait l'hiver, dans la petite chambre installée dans un coin de la bluterie ; d'autres fois c'étaient les meules qui, ayant moulu tout leur grain, chauffaient tellement qu'elles enflammaient leurs sarches, leurs planches de protection. Et en quelques minutes, il ne restait plus rien du moulin.

Ces dangers permanents expliquaient l'attachement des meuniers à certaines coutumes qui, espéraient-ils, leur garantissaient la bienveillance divine. «Par principe, on était croyant, admet Louis, mais pas forcément pratiquant. C'étaient surtout les femmes qui assistaient à la messe.» Aux Rameaux, on ne manquait jamais de faire bénir une croix de buis que l'on clouait ensuite au-dessus de la porte.

Pour les raisons évoquées plus haut, beaucoup de meuniers révéraient sainte Barbe, la patronne des gens exposés au feu, les pompiers et les artilleurs ; d'autres vénéraient sainte Catherine. Toutefois le protecteur en titre de la corporation restait le bon saint Victor. Martyr du IIIe siècle, ce légionnaire romain endura moult tortures sans renier sa foi. On le couvrit de chaînes, on l'estrapada, on lui trancha un pied. Enfin, on tenta de le broyer sur la meule d'un moulin, mais la meule s'éclata à l'instant crucial. Alors on le précipita à la mer avec une autre meule liée autour du cou. Là encore, le prodige ne se fit pas attendre : la meule se mit à flotter comme une bouée ! Décapité en l'an 308 à Marseille, pendant les persécutions ordonnées par l'empereur Dioclétien, saint Victor est souvent représenté tenant un moulin en guise de sceptre.

A la colère céleste et à l'inattention du farinier s'ajoutait encore la folie des hommes. Les moulins de la plaine eurent à subir de sanglants assauts durant les guerres. Lors des combats de 1870, tantôt observatoires et tantôt avant-postes, ils devinrent les cibles des canonniers de toutes les armées. Les officiers, qu'ils soient français ou prussiens, accusaient mêmement les meuniers de signaler leurs mouvements à l'ennemi en bloquant les ailes selon un code convenu. On en fusilla quelques-uns en représailles, souvent par méprise (1). A Ymonville, les uhlans incendièrent les ailes d'un moulin qu'ils mirent en marche ; avec les ferrures qu'il retira des cendres, le forgeron du bourg ouvragea une croix de chemin dont l'écusson indiquait ceci : *«En mémoire des soldats français morts à la bataille de Loigny. Offert par Duchon, marchand de porcs à Boisville-la-Saint-Père. Avril 1871.»*

L'Histoire se répète fréquemment, et pas toujours dans ses heureux épisodes : le 17 juin 1940, les Allemands brûlèrent un second moulin à Ymonville, sur la route de Prasville !

Dans ces régions de l'Orléanais, les meuniers exerçaient généralement un métier de complément car le moulin n'aurait pas suffi à leur assurer une vie décente. On prétendait à tort qu'un chandelier de plaine rapportait autant qu'une culture de quatre chevaux. En vérité, il n'en était rien. Louis, comme nombre de ses confrères, ne s'en tirait qu'en exploitant une vingtaine d'hectares avec deux chevaux. Son charretier se changeait en traîne-son : c'était lui qui effectuait la tournée de la clientèle. A l'aller, il emportait la mouture à livrer ; au retour, il rapportait une voiturée de grain à moudre. On le surnommait quelquefois le «chasseron» en souvenir du droit de chasse que les seigneurs d'antan concédaient aux fariniers en échange d'une redevance. Bien entendu, la chasse en question ne signifiait que la quête du grain à moudre, nullement l'autorisation de traquer un gibier quelconque !

La tournée se déroulait une fois par semaine. Le traîne-son attelait le cheval à la charrette et visitait ses fer-

---

(1) Cf. *«Brigands et sorciers d'autrefois»*, par Gérard Boutet. Chapitre : Quand un meunier rencontre un autre meunier... (Jean-Cyrille Godefroy éditeur, Paris 1985).

mes habituelles. A Saint-Léonard où l'on comptait trois moulins en activité, chaque meunier fournissait une clientèle attitrée. Jamais l'un ne venait empiéter sur la chasse gardée de l'autre. «Ici, je ne craignais pas grosse concurrence, reconnaît Louis. Les deux autres, des vieux gars, se contentaient de peu. On ne se chicanait point.»

Au vrai, une profonde solidarité unissait les gens de la petite meunerie. On s'entraidait volontiers lorsqu'il s'agissait de démonter une verge ou de repiquer une meule. On n'appelait le père Laroche, le charpentier de Talcy, qu'en cas de nécessité absolue, quand on ne pouvait plus faire autrement. Car il y avait parfois des avaries extraordinaires, bien évidemment. Ainsi, en 1912, au moulin de la Caillardise, les quatre ailes se détachèrent tout à trac de l'arbre pourrissant ! Ce furent les charpentiers de Bazoches-en-Dunois qui réparèrent. Il en coûta deux mille francs — une somme à l'époque ! — et le préjudice d'un mois d'arrêt.

Un meunier se tenait prêt à travailler chaque jour de l'année, mais c'était le vent qui commandait. Quelquefois, il attendait des jours et des jours ; rien ne bougeait. Pas une herbe, pas une feuille. Les airs semblaient morts. Ces périodes de calme se produisaient souvent dans les premiers jours de septembre. Alors les gens défilaient au moulin en maudissant tout à la fois le meunier et le bon Dieu. «Mes cochons n'ont plus de pâtée ! geignait l'un. — Ma huche est vide !» pleurnichait l'autre. Et le pauvre meunier ne savait plus à quel saint se vouer. Matin après matin, il escaladait l'escalier de son moulin endormi et il scrutait anxieusement le ciel. «Ça ne soufflera pas encore aujourd'hui», ronchonnait-il en redescendant. Ces fautes de vent finissaient par le fatiguer davantage qu'une saison de tempête tant l'inaction lui rongeait les sangs.

Louis gardait toujours une réserve de pâtée sous sa remise, afin que les plus pressés prennent leur mal en patience. Il en cédait un boisseau à celui-ci, un boisseau à celui-là. «Le temps va peut-être se réveiller demain !» leur disait-il sans trop y croire. Les autres faisaient mine d'espérer.

Quand sa réserve se trouvait épuisée, Louis chargeait sa carriole de sacs et partait à Fréteval. Là-bas tournait le moulin à eau de Maître Leroy. Il arrivait le soir, à l'heure où le minotier pensait à se coucher. «Je te confie le moulin pour la nuit», acceptait Maître Leroy. Le lendemain matin, Louis revenait ainsi avec une carriolée de pâtée, juste de quoi amadouer les plus grognons...

Mais dès que la brise daignait se manifester enfin, le meunier se mettait en besogne sans se soucier ni du jour ni de l'heure. Que ce soit un dimanche ou à minuit, rien ne pouvait le décourager. Il ne devait pas laisser passer le vent sans en tirer profit. Il travaillait alors nuit et jour, ne s'accordait plus aucun moment de répit, s'échinait comme pour rattraper le temps gâché.

D'abord, il se dépêchait de pousser au vent, c'est-à-dire de diriger les ailes en bonne prise, bien en face du souffle. Un homme seul parvenait à orienter un moulin parfaitement équilibré et graissé, en s'arc-boutant sur la queue. D'aucuns s'aidaient d'un cabestan ou d'un bourricot. On n'attelait le cheval que pour suivre un vent qui virait «bout pour bout». La moindre erreur de position pouvait provoquer d'importants dégâts dans le mécanisme, parfois même le chavirement du moulin soudain saoulé d'un méchant revers de galerne. C'était rare, heureusement. Les meuniers demeuraient très vigilants car ils savaient qu'un vent sournois avait tôt fait de tourbillonner en bourrasque, quand il complotait à la ruine d'un moulin. Soudain la nue se gonflait, malmenait l'édifice, hurlait dans les ailes jusqu'à les emballer, leur arracher quelques planches, les contraindre à tourner à l'envers. Il fallait vite plier les ailes, serrer le frein et, toutes précautions prises au moment voulu, s'en remettre à la miséricorde du Très-Haut. C'était une bêtise que de tenter le diable pour l'orgueil d'avoir déplanché en dernier. A ce jeu de quitte ou double, certains vaniteux avaient tout perdu !

Donc, par bon vent, le meunier ne ménageait pas sa peine. Il couchait alors dans le moulin. Un lit de fer était installé sous la bluterie. «On s'y reposait, dit Louis, mais on n'y dormait guère». La besogne ne permettait pas de fermer l'œil. Malheur à l'indolent qui se laissait alanguir, bercé par le tic-tac régulier des engrenages ! Comme dans la chanson, le moulin d'un meunier assoupi allait trop vite, allait trop fort, au risque de se déglinguer. Les meules

Croix de bois, croix de buis (Collection particulière).

s'échauffaient dangereusement. Pour un instant de rêve, on se réveillait dans le cauchemar. Il importait de veiller aux caprices du vent, de contrôler la marche du travail, de hisser les sacs de grain, de les vider dans la trémie, de recevoir la mouture, de l'ensacher, d'en inspecter la finesse... Comment somnoler dans ces conditions ?

Autrefois, quand Clovis Lefèvre regagnait en pleine nuit son moulin de La Caillardise, les gendarmes lui tendaient fréquemment une embuscade : attirés par sa lanterne, ils croyaient appréhender un alouetteux en maraude ! Au vrai, le malicieux bonhomme ne tentait rien pour les détromper si, par hasard, il les soupçonnait de patrouiller dans les parages. Après tout, il n'y a pas de mal à rigoler de temps en temps. Aussi se plaisait-il à rouler dans la farine ces sacrés pandores qui rappliquaient avec le bec enfariné, déjà, et qui tombaient immanquablement dans le panneau !

Mais ce qu'ils ignoraient, les gendarmes, c'était que presque tous les meuniers élevaient une chanterelle dans leur moulin. De la lucarne du haut, ils pouvaient canarder autant de perdrix qu'ils le désiraient dès que la maréchaussée venait de tourner les talons !

L'hiver, le moulin ne s'immobilisait que pendant les jours de verglas, quand la glace empêchait le coulissage des planches de volée. Le meunier bloquait les ailes, les tapait avec une perche pour les dégager de leur croûte gelée, les pliait et attendait que le radoucissement de la température dégivre le mécanisme.

Durant les longues soirées de froidure, on allumait le poêle qui se trouvait dans la petite chambre de la bluterie, près du lit de fer. La femme de Louis tenait souvent compagnie à son mari lorsqu'il travaillait la nuit. Elle cousait auprès de la lampe à pétrole mais jamais ne participait au broyage de la pâtée. «Un meunier aimait se comparer à un capitaine de bateau, dit Louis. Son moulin ressemblait à un navire perdu dans un océan de blé ; il ballottait, craquait sous la tempête, pareil aux bâtiments de la marine en bois, et les toiles de jadis rappelaient la voilure d'un vaisseau. Un meunier se considérait comme le seul maître à bord, à l'image d'un capitaine. L'un et l'autre devaient composer avec les vents pour ne point naufrager.»

Un patron de moulin était quelqu'un dans le pays. On le respectait et l'on écoutait ses conseils. Il dominait la plaine ; il voyait les choses arriver de loin ; il remarquait mille détails que les laboureurs, à ras de terre, ne pouvaient distinguer. Et surtout, il savait lire dans les nuages. En mars, il ne se laissait jamais surprendre par ces méchantes barres qui se formaient au sud et qui balayaient la contrée à grands coups de giboulées. Il interrogeait le soleil, la lune, le vol des oiseaux, les saints, les proverbes. Il prévoyait la pluie, les tornades, les vents contraires. Marcel Barbier «voyait ça par habitude. C'était un instinct comme un chien qui sent un lièvre» (2). Le jour des Rameaux, à l'heure où le curé bénissait les croix, les meuniers notaient la direction du vent car selon le dicton, c'est de là qu'il soufflerait pendant les trois quarts de l'année. S'il venait du bas, du midi, il serait abondant et docile ; du nord, il annonçait une année de misère.

Les meuniers s'observaient également d'un moulin à l'autre. Une paire de jumelles ou une lunette d'approche pendait toujours à côté de la lucarne. De son perchoir, Louis apercevait le moulin de Talcy, les deux de Maves et celui de Lory. Quand l'un d'eux pivotait, cela indiquait que la brise se levait et qu'il était grand temps de se tenir prêt. A l'inverse, on se renseignait sur la montée d'une hargne. Dès que le voisin pliait ses ailes, il convenait d'en faire autant. Ceux qui jouaient de l'épate pour montrer aux copains que la bise ne les intimidait pas, qui narguaient les intempéries par bravade, ceux-là s'exposaient à de cruelles traverses. Un jour ou l'autre leur moulin s'affolait et cassait ses verges, parfois même se disloquait complètement. Le vent avait toujours le dernier mot ; mieux valait donc ne pas le défier sottement...

Le père de Louis, pour sa part, n'utilisait jamais de longue-vue puisqu'il bénéficiait d'une acuité visuelle hors du commun. Un matin, il aperçut un charretier qui, à trois kilomètres du moulin, après avoir décroché un lièvre colleté en bout d'une vigne, le cachait sous des fanes de pommes de terre, à la sauvette. Il était flagrant que le gredin dérobait l'aubaine d'un braconnier ; il se rendait probable-

---

(2) *«Marcel Barbier, meunier à Moutiers-en-Beauce»* (Le Vent du ch'min éditeur, Saint-Denis 1979).

ment au bourg et il avait dans l'idée de filouter l'animal à son retour. Alors le père dit à Louis de sauter sur son vélo et de courir chiper le lièvre à son tour. C'était le voleur volé, en quelque sorte ! La morale était sauve. Enfin, presque.

Il faut avouer que les meuniers avaient la réputation de vivre en joyeux drilles. On accusait souvent les jeunes de poser aux jolis cœurs devant les demoiselles. Au bal, les filles à marier ne refusaient jamais de danser dans leurs bras et certains polissons ne se privaient pas de jeter leur gourme tous les quatre matins. Dame ! un fils de meunier offrait une condition séduisante : pour décrocher la timbale, une greluchonne devait donc savoir éveiller les sentiments sans pour autant balancer son bonnet par-dessus les moulins. En un mot, recevoir la promesse d'un enviable bénéfice sans rien investir de son petit capital... Au début du siècle, un garçon farinier ne brossait jamais ses habits de fête car un peu de fleurage, sur le retroussis de son col, témoignait de sa qualité et facilitait grandement ses intrigues amoureuses dès qu'il courait le guilledou auprès de quelque tendron à déflorer.

Les mauvaises langues prétendaient encore que plusieurs mouliniers particulièrement espiègles n'accéléraient le mouvement de la volée que dans le but d'effaroucher les attelages des dames sur la route. Il ne s'agissait que de médisances, bien évidemment. «L'ombre des ailes sur le chemin suffisait à apeurer les chevaux, plaide Louis. Ce n'était pas la peine d'en rajouter !» Mais les paysannes ne se méfiaient pas assez. Une fois, une bonne femme conduisit son âne si près du moulin qu'elle faillit être assommée par une aile ! Ce lui fut commode, ensuite, de se disculper en disant pis que pendre du garçon meunier...

Lieu de rencontres où les paysans conversaient à plaisir en attendant leur mouture — ce qui tenait le meunier au courant de tous les potins des environs — le moulin était aussi un endroit de franche gaieté pourvu que le caractère du maître s'y prêtât. Ainsi à Gidy, durant la nuit qui suivait le conseil de révision, les conscrits avaient coutume de se déguiser avant de se retrouver dans le moulin de La Caillardise. «Ils apportaient un petit fût de vin, précise Albert Lefèvre, mais ils n'invitaient jamais leurs promises.» En 1880, la fanfare s'y produisait régulièrement ; on la surnommait d'ailleurs la Musique de La Caillardise. Municipalisée huit ans plus tard, elle deviendra l'Espérance de Gidy.

Il y avait également les jeux et les paris que se lançaient les garnements trop audacieux. A douze ans, Albert Lefèvre réussit un exploit qui lui valut l'admiration des galopins de son âge. Par vent faible, il s'attacha au bout d'une aile, avec son ceinturon, et fit un tour complet dans les airs. «Si mon père avait appris ma prouesse, avoue aujourd'hui Albert, il m'aurait sûrement tiré les oreilles !» Des petiots se sont tués pour moins que ça...

Chez les Hiault, de tels divertissements n'étaient pas autorisés.

Selon un vieil aphorisme, nul n'égalait en hardiesse la chemise d'un meunier, qui prenait chaque matin un voleur par le cou. Cette maxime populaire, bien qu'outrancière, n'était peut-être pas dénuée de tout fondement. En effet, les paysans se plaignaient souvent de ne jamais recueillir leur dû de farine quand ils confiaient leur grain à moudre.

De fait, un meunier ne rendait jamais mesure pour mesure. Il prétextait qu'un peu de mouture basse s'évaporait toujours lors du broyage, au contact des meules échauffées. Il objectait encore qu'il lui fallait bien soustraire quelque chose pour compenser les crottes de rat ou le tracas que lui causait l'ail sauvage, cette saleté qui graissait les meules au point qu'il devait ensuite en décrasser les rainures à l'eau bouillante et à la brosse en chiendent.

L'évaluation de ces déperditions variait d'un moulin à l'autre. L'un prélevait deux livres sur chaque sac de cent kilos, l'autre en exigeait cinq. En réalité, tout dépendait du nombre de porcelets que la meunière projetait d'engraisser dans son semestre. Un autre adage, tout aussi vérifié, certifiait que les cochons élevés à l'ombre d'un moulin devenaient les plus gras de la contrée, tout bonnement parce que l'augée ne leur était jamais rationnée. Ces suppléments de profit, perçus en nature, constituaient ce qu'on nommait l'envolage. Or dans le mot «envolage», il y a le radical «vol» !

Bien entendu, ce grappillage n'était pas sans soulever de véhémentes contestations de la part des clients qui s'estimaient honteusement floués. On reprochait au meunier d'être trop gourmand, de tirer deux moutures d'un même sac, de ne penser qu'à ses intérêts. D'aucuns murmuraient même que certains fripouillards mélangeaient du sable à la repasse afin d'en augmenter la densité ; la roublardise crevait les yeux quand la fermière en retrouvait au fond de l'auge, après que ses gorets eurent goinfré leur pâtée !

Louis Hiault n'eut jamais à répondre à ce genre de procès. A Saint-Léonard, on se gardait bien d'attiger sur l'envolage. Il en était de même en d'autres endroits, n'en déplaise aux persifleurs. D'ailleurs, l'opulence du meunier s'apparentait à une légende inspirée par la jalousie de quelques-uns et la vantardise de quelques-autres. A La Caillardise, c'est véridique, Clovis Lefèvre préférait sacrifier un peu de son propre grain, quand le rendement s'avérait médiocre, plutôt que d'essuyer des réflexions désobligeantes !

Le meunier se faisait payer à la mouture. Jadis, il retenait le huitième de la quantité à rendre mais il n'empochait pas d'argent. Après la Grande Guerre, il réclamait cent sous du sac de blé. Les tarifs grimpèrent vite par la suite. Vers 1930, le même service coûtait sept francs. Cinq francs et trente centimes pour un sac d'orge moulue ou d'avoine aplatie. Les riches fermiers ne réglaient leur compte qu'une fois l'an, après Noël. Il est connu qu'on fait plus facilement crédit à un gros propriétaire qu'à un petit métayer.

La meunerie familiale déclina pendant l'entre-deux guerres, comme tant d'autres corporations. Malgré une puissance qui atteignait trente chevaux sans occasionner la moindre dépense de fonctionnement, un moulin à vent restait tributaire des lubies atmosphériques ; il ne pouvait donc pas rivaliser avec les moteurs à essence, disponibles à volonté, que les meuniers jugeaient si pratiques. Le progrès incitait à battre le chien devant le loup.

Etaient dans le vent, dorénavant, ceux qui ne l'employaient plus. Ce revirement marqua la fin d'une belle et longue histoire : peu à peu, les cultivateurs équipèrent leurs granges de concasseurs individuels. Les chandeliers de la plaine s'éteignirent les uns après les autres. Ne leur insufflant aucune vie désormais, les galernes s'acharnèrent à précipiter leur mort...

Louis Hiault cessa de moudre en 1937. Mais à l'époque, un moulin désaffecté demeurait soumis à la patente tant qu'il conservait ses ailes. Alors Louis maugréa : «Puisque c'est ainsi, j'abattrai les ailes et le moulin avec !» Il tint parole. Les planches de volée furent vendues à des meuniers qui travaillaient encore ; les grosses poutres, transportées par le tramway, firent le bonheur d'un ébéniste d'Orléans ; les meules se brisèrent d'elles-mêmes lors de la démolition.

Aujourd'hui, Louis regrette d'avoir terrassé ce géant plusieurs fois centenaire. «Je le revois dès que je baisse les paupières !», confesse-t-il tristement. Mais il se reprend aussitôt car, s'il l'avait préservé de l'ingratitude des hommes, il serait continuellement dérangé par les touristes de maintenant. «A mon âge, s'excuse-t-il, on apprécie la tranquillité.»

Alors, plus modestement, pieusement, seul avec ses souvenirs, sur un coin de sa table de cuisine, il se contente de le reconstruire en maquette, une ancienne carte postale en guise de plan.

Rencontre de l'été 86.

Jean Mercier, le meunier de Bazoches-en-Dunois, prit son moulin en main dès l'âge de douze ans. Cinquante tonnes de bois à manœuvrer sous le zéphir ! «Par grand vent toute la région n'était que vie et mouvement, dit-il à l'ami Roland Spenlé. A la lorgnette, j'apercevais jusqu'à trente-deux moulins autour du mien. Une véritable armada.»

De haute volée.

Les meuniers d'hier, et principalement ceux de Beauce, avaient la piètre réputation d'être lourdauds de la main quand il s'agissait de prélever leur part de farine. Cela datait de toujours. Une ancienne légende tentait d'ailleurs d'en donner la raison.

Au temps jadis, un meunier beauceron rêva que le bon saint Pierre lui commandait de voler. Habitué qu'il était à vivre dans le vent, le moulinier ne saisit pas tout de suite l'impossibilité de réaliser un tel exploit. Sitôt réveillé, il grimpa donc jusqu'à sa lucarne de moulin et, de là-haut, se laissa choir en battant des bras. L'essai ne fut pas concluant, comme on l'imagine, et le meunier ne dut son salut qu'au tas de sacs empilés en son point d'atterrissage. Pourtant, la nuit suivante, le bon saint Pierre revint à la charge en lui susurrant un perfide «Vole, mon gâs, vole !».

Le meunier comprit alors. Voler ne signifiait point voyager en l'air, mais plutôt gratter sur les sachetées à moudre que les paysans des environs lui apportaient. Jusqu'alors, la coutume féodale ne lui accordait que le seizième du grain à écraser. Désormais, il n'aurait plus aucun scrupule à prendre davantage. Ce qu'il fit aussitôt, et tous ses confrères avec lui. Voilà à quoi tenait la mauvaise réputation des meuniers de Beauce. Tout cela avec la bénédiction du bon saint Pierre !

Au vent de l'histoire.

A la mort du meunier ou de l'un des siens, les ailes étaient bloquées en croix et tournées vers la maison éprouvée ; elles ne rebattaient qu'après les obsèques. Or en 1870, Elie Lefèvre faillit être passé par les armes pour avoir immobilisé son moulin de la sorte, en signe de deuil, face aux Prussiens qui approchaient de La Caillardise.

Les envahisseurs, qui ignoraient cette coutume, soupçonnèrent un signal destiné à renseigner l'armée française. Elie Lefèvre ne dut la vie sauve qu'à un soldat allemand au courant du langage des ailes en temps de paix. Néanmoins, notre meunier patriote fut condamné à livrer deux tonnes de farine et trois tonneaux de vin à la population parisienne. Il partit avec trois voitures, son traîne-son et son charretier, sous l'escorte de deux cavaliers prussiens, et ne revint pas avant un mois !

Une mésaventure identique se raconte à Bois-de-Feugères.

Les louis de Clovis.

On prétendait qu'un louis d'or était toujours placé sous le bourdon d'un moulin, en talisman. Notre vieil ami Albert Lefèvre en ramassa effectivement un sur le chemin après qu'il eût démonté son moulin de La Caillardise. Toutefois il ne peut affirmer s'il s'agit vraiment d'un porte-bonheur ou plutôt d'une pièce perdue par son oncle, lequel avait la manie de fourrer son argent à même sa poche.

Cet oncle Clovis se vantait d'ailleurs d'être salué par tous les gosses du village. Rien d'étonnant à cela : il gratifiait d'un sou chaque garnement qui lui souhaitait le bonjour !

A ses moments d'ennui, Clovis fabriquait des alliances avec les louis que les belles lui apportaient avant de se marier.

MAXIMILIEN RÉGNIER, DIT «TITI», MINOTIER DU COUTELET À MEUNG-SUR-LOIRE (90 ans).

A treize ans, Maximilien conduisait déjà la minoterie de La Nivelle en l'absence du garde-moulin, pendant que son père partait vendre la farine aux boulangers de la région. Tout garnement, il passa donc souvent ses nuits à surveiller la bonne marche de la machinerie. C'est dire que le métier, il le connaît sur le bout du doigt ! Pourtant, il aurait préféré se consacrer à autre chose. La mécanique le séduisait davantage. Entre le cambouis et la farine, il n'aurait pas hésité une seconde. Lorsqu'il entendait les premières torpédos haleter dans les rues du bourg, il ne pouvait s'empêcher de penser, à juste raison, que l'automobile était une sacrée belle invention pleine d'avenir. Mais le hasard de la vie en avait décidé autrement : il serait minotier, comme l'était son père. On ne choisit pas toujours son destin, au mieux on s'en accommode.

Ancien rhabilleur de meules aux mains piquées de bleu dont les aïeux servaient la meunerie depuis six générations, son père était contremaître dans une importante minoterie de Cherisy, près de Dreux, quand des ennuis de santé le contraignirent à quitter son emploi. M. Allard, un riche cousin de son patron, lui proposa aussitôt de prendre la gérance du moulin de La Nivelle, qu'il venait d'acquérir dans les environs de Meung-sur-Loire. Le père Régnier accepta : la poussière serait sans doute moins suffocante dans un petit moulin du Loiret qu'elle ne l'était dans une grosse minoterie d'Eure-et-Loir. Pas de contrat : la parole donnée suffisait. Il s'installa à La Nivelle durant l'automne 1903. Sa famille le rejoignit au printemps suivant.

«Beaucoup de commis meuniers lâchaient la besogne après quelques mois d'apprentissage, dit Maximilien, car la poussière leur causait de fréquents saignements de nez. Ils n'insistaient pas. Sur quatre jeunes de mon âge, à Meung, je suis resté le seul à persévérer.» La phtisie galopante était autrefois la malédiction de la profession.

La meunerie des Mauves, en cette lisière beauceronne, s'enorgueillissait d'un prestigieux passé. C'est au VIe siècle que des moines de l'abbaye de Micy se retirèrent en ces parages incultes et assainirent les marécages qui en gâtaient les terres et les airs. On raconte encore là-bas la légende de saint Liphard, l'ermite défricheur. Les ruisseaux furent canalisés et leur courant put entraîner de nombreux moulins dont la plaine fertile, tout proche, assura la prospérité.

Au Moyen Age, en échange de leur droit de chasse qui les autorisait à battre le pays pour y glaner le grain à moudre, les meuniers des Mauves devaient satisfaire à diverses obligations. A tour de rôle, ils approvisionnaient l'évêque en pain chaque fois que ce dernier séjournait dans sa résidence de Saint-Ay ; ils garnissaient de jonchée fraîche les salles de la demeure seigneuriale ; enfin, ils exécutaient les condamnations de haute justice en place du Martroy. Ainsi contribuaient-ils à nourrir et à protéger les populations tout en les débarrassant de leurs coupables individus.

Les habitants de l'endroit étaient surnommés les «Anes». Mais qu'on ne s'y trompe point ! L'Histoire précisait aussitôt qu'il n'y avait aucune malice dans ce qualificatif. Oyez donc l'anecdote : Les meuniers de Meung livraient jadis leur farine à dos d'âne, à Orléans et aux alentours. Pendant les famines qui sévirent durant le triste règne de Philippe Six, les Orléanais se massaient en foule sur les remparts et guettaient, anxieux, les colonnes de ravitaillement. Dès qu'ils voyaient approcher un convoi, ils s'écriaient joyeusement : «Voici les ânes de Meung !» Aux railleurs qui leur lancent aujourd'hui cette apostrophe, les Magdunois rétorquent : «Ici les ânes passent mais ne restent point !»

Ces meuniers n'étaient généralement que les locataires du seigneur local, d'une communauté religieuse ou de quelque roturier huppé. Trente-sept moulins à roue s'alignaient de Baccon à la confluence des Mauves et du fleuve au milieu du XVe siècle. Outre la farine, certains fabriquaient du papier à filigrane particulier (les marques en étaient une licorne, une arbalète, une tête de bœuf étoilée ou une grappe de raisin). D'autres foulaient la laine, le feutre, les peaux ou l'argile à dégraisser le drap. D'autres encore broyaient l'écorce de chêne pour en extraire le tanin qui faisait la grande qualité des cuirs magdunois. En 1645, le moulin des Deux-Roues, qui appartenait moitié au prieur de Saint-Hilaire, moitié à l'abbé de Saint-Mesmin, préparait de la poudre à canon en mélangeant savamment du salpêtre, du soufre et du charbon de bois.

Dans un acte daté du 18 décembre 1696 conservé aux archives départementales du Loiret, dépôt des minutes notariales de Meung, le sieur d'Oinville Pierre Menault, portemanteau ordinaire du Roy, seigneur des terres, justices et domaines de Prélefort, Longuevault et Roudon, accordait à bail, pour six ans, le moulin touchant au château de Prélefort, *«icelui faisant le bled farine, consistant en sault d'eau, roue, roue et arbres, meulles et aultres ustensiles, bâtiments... pour 300 livres, 6 chapons et 6 poulets vifs, bons et gras, avec 2 gasteaux, chacun de la valeur de 20 sols, le tout de ferme et loyal, chacun an à charge d'entretenir les Mauves et chaussées dudit moulin en bon estat»**.

A l'aube de ce siècle, quand la famille Régnier arriva à La Nivelle, vingt-sept moulins à farine et trois tanneries tiraient encore leur force motrice du cours d'eau.

Un moulin hydraulique est une imposante bâtisse à l'allure austère dont le ruisseau caresse les fondations. Il est flanqué d'un appentis qui enjambe le bief de dérivation. C'est là que tournait la grande roue à aubes.

Cette roue se composait généralement de deux cercles

---

* Cité dans le bulletin municipal de Meung-sur-Loire, 1972, article de J.M.B. Ecosse *«Histoire de nos moulins»*.

en bois renforcés de fer, de seize rais et de trente-deux aubes en planches de frêne espacées d'une quarantaine de centimètres les unes des autres. Montée sur un arbre métallique, long de trois mètres, qui reposait sur des coussinets en bois, elle transmettait sa puissance à un rouet en angle vertical qui engrenait une couronne horizontale située au rez-de-chaussée du moulin, laquelle couronne commandait les pignons des meules. A l'origine, tous les organes de la machinerie étaient taillés dans du bois de cormier ; plus tard, ils furent forgés dans des barres d'acier. Une roue d'un rayon de trois mètres, à raison de cinq tours à la minute, déployait une puissance évaluée à quatre chevaux.

En ces époques, les Mauves étaient soigneusement faucardées et chaque meunier avait soin de veiller au bon état de sa roue afin de profiter d'une énergie maximale. Une pierre plate scellée dans le mur du bief indiquait le niveau d'eau à respecter. Chacun régularisait le débit en actionnant la manivelle à crémaillère d'une vanne de décharge. Si par inadvertance l'un noyait son repère, les autres manquaient de tirant en aval. En cas d'abus délictueux, le garde des eaux dressait aussitôt procès au contrevenant. «J'ai vu des meuniers se battre pour ça !» dit Maximilien. Quelquefois, en période d'étiage, les moulins réduisaient leur activité à mi-rendement : dix à quinze quintaux par jour, guère plus. Fort heureusement, de mémoire d'homme, les Mauves ne se sont jamais taries complètement.

Il fallait également se méfier des touffes d'herbe ou de cresson qui bouchonnaient dans le coursier, dans le parement en pierres de taille dont l'incurvation poussait l'eau contre les pales. Entre la vanne et la roue, le bief était barré d'un râtelier à fiches que l'on soulevait par une poignée. On libérait ainsi le «devant de l'aube». De fréquents décrassages s'imposaient dans une même journée, principalement pendant la saison de l'entretien des berges où, gaffe en main, on surveillait la dérive des branches élaguées. Mais là encore, la prudence restait mère de sûreté car dégringoler dans la chute ne laissait aucun espoir de salut. A La Nivelle, ce fut un cochon qui tomba sous la roue. Quand enfin on parvint à repêcher le pauvre animal de l'aubage brisé, après bien des efforts, on s'aperçut qu'il

De l'eau au moulin (Collection Dominique Lenzi).

s'était allongé d'un demi-mètre ! Une autre fois, hélas ! ailleurs, c'est le corps éventré d'un petit commis qu'on dut dégager du coursier...

Afin de surmonter les baisses de la rivière, les meuniers se résolurent d'abord à jumeler une locomobile, du type de celle qu'employaient les entrepreneurs de battage, à la roue. Puis, vers 1910, ils recoururent à un gazogène, leur marge bénéficiaire ne leur permettant pas de se doter d'un moteur électrique. Cet appareil à gaz pauvre, capricieux en diable, fonctionnait à l'anthracite, à la houille anglaise de préférence puisque le charbon russe, plus économique à l'achat, ne fournissait qu'un piètre résultat : il formait énormément de mâchefer et obligeait à d'incessants ramonages. Les pannes étaient fréquentes et bien souvent, le minotier devait sacrifier sa nuit pour soulager les machines stoppées en pleine charge, avant de redémarrer.

Un jeu de poulies synchronisait l'engin à l'arbre de la roue. Un élévateur à godets en peau de porc montait le grain dans une trémie, au-dessus des meules ; les farines tombaient d'elles-mêmes de la bluterie dans les boisseaux d'ensachage.

A vrai dire, Maximilien n'a jamais connu ces vieux moulins à meules, bien qu'il en subsiste encore de nos jours ici et là, sur la Cisse ou sur le Loir. Dans les parages des Mauves en effet, les meules disparurent très tôt au profit des concasseurs à doubles rouleaux cannelés. Les rares meuniers qui en conservaient une paire, pour affiner la mouture, s'en débarrassèrent tout à fait au début de ce siècle.

Quand le père de Maximilien s'établit à La Nivelle, le moulin possédait encore ses deux paires de meules. Ce fut donc lui, Ernest Régnier, qui équipa le bâtiment de cylindres accouplés et d'un blutoir à plans, système alors inusité dans la contrée. Il s'agissait d'une dizaine de tamis superposés à mouvement rotatoire, de cadres rectangulaires tendus de soie naturelle. Les cribles de tête dégrossissaient le grain écrasé par les cylindres, mouture haute que les tamis suivants convertissaient en farine, par paliers successifs, en séparant les semoules, les gruaux et les finauds. Un élévateur renvoyait les refus aux cylindres.

«Un moulin à eau, précise Maximilien, c'est cinq étages remplis de conduits compliqués, de broyeurs et de convertisseurs !»

Bien évidemment, les moulins des Mauves produisaient essentiellement de la farine panifiable à l'intention des boulangers de la région.

Autrefois, lorsque les particuliers cuisaient leur pain à la maison, chacun venait au moulin. Quelquefois, le meunier devait avancer de la farine aux plus malheureux, puis retenir la quantité de blé équivalente sur leur moisson à venir.

Un minotier n'accomplissait pas de tournées, au contraire d'un moulinier à vent. Il se ravitaillait en blé sur le marché aux grains qui, à Meung, se déroulait le jeudi devant le «Café du Commerce». S'il manquait de quantité, il se rendait le lendemain sur la place de Patay ou d'Ouzouer. Les paysans affirmaient que les meuniers de Meung se montraient plus généreux que ceux de Beaugency parce qu'ils payaient dix sous plus cher le sac de cent-vingt kilos.

Les cultivateurs, un sachet de leur récolte à la main, allaient d'un minotier à l'autre et concluaient l'affaire avec le plus offrant. Les prix ne variaient que de quelques centimes. Mais parfois certains roublards présentaient un échantillon de belle qualité alors que leur récolte ne valait pas tripette. A la livraison, avant l'ensilage, le minotier testait donc le contenu de chaque sac à l'aide d'une canne évidée dont les trois clapets prélevaient du grain en profondeur. Ce contrôle s'effectuait toujours à l'extérieur du moulin, dans la rue.

En effet, la loi était formelle là-dessus : tout sac déposé dans la minoterie impliquait son acceptation. Ensuite, le meunier en vérifiait le poids sur sa bascule, afin d'éviter les litiges. Les bons comptes font les bons amis. Il y avait souvent, dehors, sept ou huit voitures qui attendaient devant le quai de déchargement, chacune transportant de dix à trente sacs. Le froment douteux était catégoriquement refusé. Un minotier se montrait d'autant plus pointilleux que la concurrence ne pardonnait pas la moindre erreur de jugement. Certains manigançaient les pires intrigues pour chiper la clientèle d'un confrère. Tout leur semblait bon, jusqu'au chantage à la ristourne auprès des boulangers dont ils convoitaient la fourniture. Et Maximilien de constater avec amertume que les affaires ne se sont guère améliorées de nos jours...

Le meunier réglait les cultivateurs à la livraison. Le grain arrivait surtout à la Toussaint, à l'échéance des baux. Les métayers apportaient leur blé quand ils avaient besoin d'argent. Les gros fermiers, eux, en livraient durant tout l'hiver puisqu'ils battaient leurs meules en plusieurs fois.

Le blé réceptionné était nettoyé, trié, ventilé, humidifié au besoin, tout cela mécaniquement, avant de passer en mouture.

On travaillait jour et nuit, se reposant seulement une heure ou deux de temps en temps, au hasard de la journée. Une habitude à prendre. Le minotier ne dormait que d'un œil. A travers les murs, dans son sommeil, il entendait le fonctionnement du moulin. Il se levait dès que le bruit devenait anormal. C'était le gazogène qui réclamait une pelletée de charbon ou la mouture qui bouchait un tuyau. Ces engouements se répétaient fréquemment au printemps, à cause des larves de mites. Un garde-moulin perdait quelquefois ses nuits à désengorger les conduits. Une demi-journée de repos par quinzaine, pas plus.

On ne parlait ni de laboratoires ni d'analyses en ces époques-là. Lorsqu'il fallait mesurer la richesse d'une farine en gluten, le minotier se contentait d'en laver une petite motte dans un crible, sous le robinet, de façon à en éliminer l'amidon. Tout s'appréciait au jugé. Le boulanger n'en demandait jamais davantage.

Les sons, les résidus de recoupe et les rémoulages étaient vendus à des marchands d'aliments pour bestiaux. Dans leur voiture à cheval, ils emportaient une centaine de sacs de quarante kilos qu'ils fourguaient aux éleveurs. Certains rappliquaient de loin, des confins du Perche. Ils revenaient chaque semaine ; on leur préparait leurs sacs d'une fois sur l'autre. Les fermiers d'alors exigeaient de gros sons pour leur bergerie car les moutons, qui soufflent en mangeant, auraient gaspillé une pâtée trop légère.

Maximilien demeura chez son père, à La Nivelle,

jusqu'à son départ pour la guerre, en 1916. Il avait dix-neuf ans. A sa démobilisation, un ingénieur lui offrit une place de conseiller technique à Madagascar où l'on prévoyait la construction de nombreuses minoteries. L'aventure coloniale tentait notre garçon, bien sûr, mais son père, sur son lit de mort, le supplia de ne pas s'éloigner : «Je n'ai gardé le moulin que pour toi, lui dit-il, et voilà que tu songes maintenant à partir au diable vauvert !» Alors Maximilien tira un trait sur ses beaux rêves pour assurer la pérennité du moulin de La Nivelle. Il y resta cinq ans en gérance et un sixième en location ; il y trima comme un forcené, sans amasser le pécule auquel il aurait pu prétendre. Il se maria en 1921, peu après le décès de son père. Finalement, ce fut l'intransigeance de son propriétaire, M. Allard, un bourgeois qui mégotait jusqu'au dernier centime alors qu'il roulait sur l'or, qui le contraignit à chercher son bonheur ailleurs. Il acheta donc la minoterie du Coutelet en 1928 et il s'y mit à son compte.

Le Coutelet appartenait au maire de la ville, Emmanuel Troulet, un ancien charcutier devenu minotier après avoir épousé la fille du moulin de Clan. Eh oui ! Emmanuel Troulet n'était autre que le beau-frère de Gaston Couté, celui que le chansonnier de Montmartre avait si souvent brocardé sous le nom de «Môssieur Imbu». Maximilien se souvient vaguement avoir croisé le poète dans les rues de La Nivelle. «Il menait une vie de patachon, dit-il. On ne l'aimait guère au pays. C'était quelqu'un qui ne pensait qu'à la bohème. La débauche a sûrement précipité sa perte !»

Ne pouvant plus honorer les dettes qu'il avait contractées un peu partout, Emmanuel Troulet s'était vu dans l'obligation de céder le moulin du Coutelet à l'un de ses amis politiques, qui était également son principal créancier. La minoterie affrontait alors une crise terrible. Le Coutelet connut trois repreneurs en quelques mois tandis que quatre moulins fermaient à Aulnay, en amont. Cette pitoyable conjoncture ébranlait les vieilles dynasties qui régnaient sur les Mauves depuis des siècles et des siècles. C'est ce qui permit à Maximilien, le fils d'un modeste ouvrier farinier, d'acquérir le plus important établissement de la rivière. Le Coutelet produisait dans les soixante quintaux par jour ; les autres, une vingtaine échelonnée le long des Mauves, plafonnaient au mieux à trente quintaux chacun.

Cette gageure suscita immédiatement des quolibets teintés de jalousie. «Titi Régnier est un fou, médisait-on. Il se croit plus malin que les autres mais c'est égal, il ne parviendra à rien. Rira bien qui rira le dernier !» En vérité, les maîtres minotiers ne supportaient pas qu'un jeune sans fortune puisse leur tenir la dragée haute. Cependant, Maximilien savait ce qu'il voulait. Il n'épargna donc pas sa peine et embaucha un compagnon. La faillite aurait été son déshonneur. Il se serra la ceinture et il tint bon, vaille que vaille.

Les boulangeries ne faisaient pas défaut dans les parages et les campagnards mangeaient beaucoup de pain. Tout cela paraissait prometteur. Mais Maximilien déchanta vite quand il s'aperçut que maint boulanger, réellement dans le pétrin, s'apprêtait à glisser la clé sous la porte sans acquitter ses arriérés de farine. Au terme d'une première année d'exploitation, il enregistra deux mille francs d'impayés (un repas moyen coûtait vingt sous). Il en fallait davantage, malgré ça, pour le décourager. Il s'obstina donc de plus belle, convaincu qu'il était de remporter son pari.

Au Coutelet, le broyage s'opérait en cinq phases distinctes. Chaque couple de cylindres portait des cannelures différentes, de plus en plus fines. A la suite, trois convertisseurs nécessitaient six rouleaux lisses. Un cylindre mesurait de quarante centimètres à un mètre, selon le débit à fournir, pour un diamètre de cent quatre-vingt à deux cent-vingt millimètres.

Maximilien fut toujours attentif aux innovations qui rentabilisent une entreprise tout en améliorant sa production. En 1936, le premier à Meung, il électrifia sa minoterie. Le moteur, de fabrication suisse, développait une puissance de quarante chevaux. Son volant d'entraînement atteignait trois mètres de diamètre ; son vilebrequin et sa bielle paraissaient monstrueux. Toutefois, la roue à aubes ne sera démontée qu'au début des années soixante.

Quand le gouvernement du Front populaire contingenta la production des minoteries dans le but d'ordonner un marché en pleine foire d'empoigne, le quota annuel du Coutelet — le plus élevé à Meung — fut fixé au-delà des trente-cinq mille quintaux. Puis vinrent les années sombres de l'Occupation. Dorénavant, les boulangers ne devaient s'approvisionner qu'auprès des minotiers désignés par les autorités préfectorales. Tant de kilos de farine contre tant de tickets. La France avait mangé son pain blanc !

«On extrayait à 98 %, se rappelle Maximilien. Ça donnait évidemment un pain infect. Le boulanger qui avait la chance d'être servi le premier, emportait la belle farine et ne laissait aux suivants que les gros sons. C'est pourquoi j'eus l'idée d'employer un appareil mélangeur. De la sorte, tout le monde obtenait la même chose !»

Ce souci d'équité fit la réputation de la minoterie du Coutelet. A la Libération, quand les boulangers recouvrèrent la liberté de choisir leur fournisseur, Maximilien ne put satisfaire les commandes qui affluaient des quatre coins du département. C'est ainsi qu'il sélectionna une clientèle sûre. La partie était gagnée. Peu après il fut élu président du syndicat de la meunerie du Loiret. Moralité : il faut toujours jouer la carte du bon ouvrage.

Aujourd'hui, la minoterie du Coutelet s'est agrandie et complétée d'immenses silos. Les Mauves, désormais inutiles, ne forment plus qu'un lacis de ruisseaux paresseux au courant échevelé d'herbes folles, aux berges aménagées en promenade. Ici et là, dans la verdure, on devine les vestiges d'une ancienne roue. Certains moulins tombent en ruine, quelques autres se sont transformés en résidences secondaires.

Maximilien vit paisiblement dans la maison attenante au Coutelet. De sa porte, il assiste au défilé des camions et il n'a qu'à tendre l'oreille pour écouter le ronronnement de la minoterie en activité, dirigée maintenant par l'un de ses fils. En dépit de son indéniable réussite, il n'affiche aucun triomphalisme. Car selon lui, une grave menace plane sur la meunerie.

Cette menace, c'est le peu de valeur que nos contemporains accordent au pain, l'aliment sacré des hommes d'autrefois. Un travailleur en dévorait deux livres par jour, sans grasse pitance à tartiner dessus, et les enfants se régalaient autant d'une miche croustillante que d'une brioche. A présent, la consommation individuelle ne dépasse guère les trois cents grammes par tête de pipe. Les Français ont perdu le goût du bon pain. Or à ce train, il est à craindre que les minotiers ne perdent aussi celui de la belle farine.

Rencontre de l'été 86.

En 1914, au début de la Grande Guerre, Maximilien dut remplacer le charretier du moulin, appelé sous les drapeaux. Il livrait la farine avec trois lourdes voitures à chevaux disposées en file. En ville, la principale difficulté venait du tramway qui, tenant le milieu de la rue, provoquait de fréquents accrochages.

«Arrivé à la boulangerie, se souvient Maximilien, *je donnais la musette aux chevaux et je montais les soixante sacs de farine, de 106 kilos chacun, au premier ou au deuxième étage. C'était un travail de bagnard qui brisait les jambes et le cœur. Heureusement quelques boulangers possédaient un treuil à manivelle.»*

ALBERT LEFÈVRE,
FILS DU MESSAGER DE LA CAILLARDISE À GIDY.
(80 ans).

La famille Lefèvre est une de ces lignées beauceronnes dont l'histoire se confond à celle des moulins à vent de la plaine. Les trisaïeux d'Albert tenaient l'auberge du «Bon Laboureur» à Gidy et c'est en épousant une demoiselle Néret que leur fils Prosper se serait marié avec le moulin de La Caillardise.

Ledit bâtiment, le plus important de la contrée, aurait fait partie, jadis, de la châtellenie de Chevilly dont le seigneur, le baron de Cypierre, était l'intendant de la généralité d'Orléans. La tradition orale prétendait que sa construction remontait à l'an 1440. D'une masse de cinquante tonnes, il possédait deux paires de meules, l'une à farine de froment et l'autre à pâtée de méteil, une bluterie et un concasseur à avoine. Son profit annuel équivalait encore, vers 1870, au rapport d'une cinquantaine d'hectares.

A la mort de Prosper, ce fut son gars Elie qui hérita de La Caillardise, puis les enfants de ce dernier, Clovis et Marcel, à la fin du siècle dernier. Les deux frères se partagèrent la tâche. Clovis se destinait aux ordres majeurs quand un accès d'humeurs froides vint contrarier sa vocation religieuse. De séminariste il devint donc farinier. C'est lui qui s'employa au bon fonctionnement du moulin. A Marcel, le père d'Albert, échut la responsabilité de battre la campagne et d'en ramener le blé à moudre.

Certaines grosses fermes d'alors fournissaient à deux moulins différents. Le meunier qui s'arrangeait à passer en premier emportait le grain tout ensaché tandis que l'autre, moins chanceux, devait se débrouiller à remplir ses propres «poches». Cette coutume locale ne favorisait guère la confraternité entre mouliniers...

Marcel se présentait de ferme en ferme tous les quinze jours. Sur les quatre percherons du moulin, il y en avait toujours un sur la route. Mais en fait le quatrième cheval n'appartenait pas vraiment aux Lefèvre. C'était celui qu'un marchand auvergnat leur laissait en nourricerie entre ses tournées. Nos meuniers entretenaient l'animal ; en contrepartie ils l'utilisaient quand bon leur semblait. Ceci remboursait cela.

Cette quête incessante de grain à moudre occasionnait évidemment une dépense, en temps comme en argent, qu'il convenait de rattraper d'une manière ou d'une autre. La voiture s'usait et le ferrage des canassons finissait par coûter cher. Alors Marcel profitait de ses allées et venues pour assurer un service de messagerie entre le bourg et la ville.

Le gros du voiturage avait lieu le samedi. Ce jour-là, Marcel se rendait sur le marché aux grains d'Orléans. C'est en cette place que les paysans proposaient leur récolte sur échantillons et qu'ils discutaient âprement le bout de gras avec les courtiers en graineterie. Les gens du village savaient que Marcel ne manquait aucun marché puisqu'en bon meunier qu'il était, il devait se tenir au courant des prix pratiqués. Alors ils venaient au moulin dès la première heure et ils lui confiaient leurs papiers de commande. La longue voiture bâchée partait à vide pour revenir en charge. Quinze kilomètres à l'aller, quinze kilomètres au retour.

Sa ronde de marché terminé, Marcel visitait les grossistes et empilait dans sa voiture les paquets à emporter. Il s'agissait principalement de caisses pour les commerçants, plus rarement de colis à l'adresse des particuliers et pratiquement jamais d'animaux. Son meilleur client était sûrement le cafetier qui achetait son vin à un pinardier, par plusieurs tonneaux à la fois. Le petit gris du pays paraissait en effet trop clairet pour les bistroquets alors

Les chiens aboient, la caravane passe...
(Collection Muguette Rigaud).

que celui du marchand gardait encore sa couleur même lorsqu'on le coupait avec la flotte du puits ! De retour au village, Marcel livrait à domicile avant de regagner le moulin. Son fils Albert l'accompagnait souvent et lui donnait volontiers un coup de main.

En d'autres endroits, les messagers de véritable profession effectuaient un parcours beaucoup plus long que le trajet suivi par le traîne-son de La Caillardise. Mon village de Josnes, en Petite Beauce, était desservi par le voiturier Louchard. Son équipage, qui se composait de trois charrettes couvertes, quittait Vendôme le jeudi matin pour ne parvenir à Orléans que dans la journée du lendemain.

Là-bas, en ville, les messagers avaient coutume de descendre dans les hôtels dont l'enseigne indiquait une possibilité de pension pour les chevaux et de remisage pour les voitures. Ils comparaient autant la bonne tenue des écuries et la qualité du picotin que le confort des chambres et le talent de la cuisinière. C'étaient «l'Hôtel du Renard» rue d'Illiers, «Au rendez-vous de la Beauce» au coin du faubourg Saint-Jean ou «l'Auberge du Commerce» faubourg Bannier.

La caravane de Louchard traversait Oucques-la-Joyeuse, Marchenoir et Beaugency. Le voiturier conduisait l'attelage de tête, casquette à visière cirée et tablier de cuir, tandis que ses deux autres voitures bringuebalaient sagement derrière, à la file. D'un tempérament constant malgré les fâcheries du temps, l'homme avançait sans jamais lancer un regard en arrière. On dit même qu'un jour, il perdit sa charrette de queue à mi-chemin et qu'il ne s'en aperçut qu'à l'arrivée !

Les villageois guettaient son passage sur la place du bourg. Il rangeait ses guimbardes devant le café, sous les tilleuls, abaissait les chambrières et abreuvait d'abord ses chevaux avant de penser à se jeter un canon dans le gosier. Sa venue constituait l'événement de la semaine. Au besoin, la jeunesse l'aidait à embarquer les veaux promis aux maquignons d'Orléans.

Les routes n'étant point trop sûres en ces périodes d'avant la Grande Guerre (de sinistres chenapans s'embusquaient encore aux maltournées, le gourdin prêt à s'abattre sur le chapeau du voyageur fortuné !), Louchard s'armait toujours d'un fusil de chasse dûment gavé de grenaille. Et comme abondance de précautions ne saurait nuire, il attachait un chien dans chacun de ses fourgons, à la ridelle.

Il reparaissait dans la soirée du samedi. Il distribuait aussitôt les lourds colis au moyen d'un diable et se faisait un devoir de les déposer sur le seuil de leur destinataire.

Marcel Lefèvre, quant à lui, continua la messagerie jusqu'à la mort de son frère Clovis, en 1917 ; ensuite, il ne s'occupa qu'à moudre le grain. Lorsque la paralysie le frappa cinq ans plus tard, il dut céder son affaire à sa fille aînée Marguerite, qui n'avait pas atteint la vingtaine. Le bonhomme disparut peu après, à cinquante-sept ans, une semaine avant qu'Albert ne parte soldat. Puis Marguerite se maria et La Caillardise s'engourdit dans un funeste abandon.

Quand Albert revint du régiment, le fier moulin d'antan n'était plus qu'une ruine. Des vandales l'avaient saccagé. N'en restaient qu'une carcasse au bardage crevé et des ailes en croix qui geignaient dans la galerne pire qu'un calvaire de cimetière. Or à l'époque, l'Etat percevait un impôt sur toute aile de moulin, même inactive, comme sur toute roue de charrette. Albert ne pouvait pas acquitter une telle redevance, d'autant que sa mère, tombée en indigence à son veuvage, avait contracté de nombreuses dettes. Alors à contrecœur, le garçon n'eut d'autre alternative que de démonter ce qui subsistait du moulin familial. Dès lors il ne se consacra plus qu'aux quatorze hectares de culture hérités de son père.

De la carcasse, il ne récupéra que trois fois rien, sinon un formidable tas de bois tout juste bon à flamber dans la cuisinière et une montagne de planches brisées où les mouches à miel se plurent à cacher leurs essaims.

C'était en 1926. A vingt-cinq ans près, le moulin de La Caillardise aurait fêté ses cinq siècles d'existence.

Rencontre du printemps 84.

NELLY GEORGET, FACTRICE À PÉRONVILLE
(80 ans).

Quarante sous, la petite Nelly empochait quarante sous quand, le matin, elle courait porter le courrier du bureau de poste à la gare. Un trésor que la gamine serrait précautionneusement dans sa menotte et qu'elle se gardait bien de croquer en sucres d'orge. Elle avait déjà trop le souci de l'économie, malgré sa prime adolescence, pour dépenser cette parcimonie en futilités. Car chez elle, on connaissait d'autant plus la valeur de la pécune qu'on n'en possédait guère.

Sa mère s'usait les yeux en couture, un maigre profit gratté à longueur de veillées, tandis que son père tuait les cochons dans les fermes des alentours. Nelly, l'enfant unique de la maison, se débrouillait comme elle pouvait pour se constituer une cagnotte sans rien réclamer à ses parents. Une vraie fourmi elle était. Et puis chaque samedi, elle cueillait la pièce de dix sous en argent qui brillotait sur le manteau de la cheminée, entre les boîtes à épices : le grand-père, passant au bourg pour y faire ses emplettes de la semaine, venait de débourser son octroi habituel à l'intention de sa petite-fille.

Mais l'aubaine rêvée se présenta lors d'une louée. Ce jour-là, les commères du village n'avaient pointé le nez dehors, abandonnant la place aux hommes en discussion, de sorte que le poissonnier de Châteaudun se retrouvait en plan, tout bêtaud, avec un plein cageot de harengs frais au fond de sa carriole. Nelly vit sa mine dépitée et se paya le toupet, du haut de ses quinze ans, de lui soumettre un marché inespéré : elle empilerait les poissons dans sa brouette et irait les vendre de porte à porte, moyennant une modeste commission. Le poissonnier, bien que surpris, ne refusa point. C'était cela ou remballer sa marée, au risque qu'un coup de chaud ne la gâte sur le chemin du retour. Le jeu en valut d'ailleurs la chandelle puisque notre démarcheuse improvisée liquida sa marchandise en un rien de temps et, mieux, n'en eut pas pour les plus offrants ! Par la suite le poissonnier se le tint pour dit : il lui réservait chaque jeudi une brouettée de poissonnaille que notre harengère s'en allait immédiatement écouler dans le bourg. Elle amassa bientôt une jolie tirelire, dans les deux cents francs, qu'elle déposa sur un livret de la Caisse d'épargne.

Elle dut cependant écorner cette fortune en 1920, quand le postier lui confia les télégrammes. Bien qu'elle arrivât sur ses seize ans, elle paraissait si menue qu'on n'osait point éternuer devant elle de crainte de la voir s'envoler. Il lui fallait une bicyclette. Elle en dénicha une, d'occasion, qui coûtait cent quatre-vingt-quinze francs. Sa mère lui prêta les deux tiers du prix ; l'appoint fut débité de son livret.

Les petits bleus, Nelly les distribua pendant six mois sans que quiconque ne pût lui adresser le moindre reproche. Le facteur-receveur, qui n'avait qu'à se louer de son aide, comprit rapidement qu'elle grillait d'envie de gagner un peu plus ; il lui demanda donc d'acheminer le courrier sur la commune de Péronville. Pas tous les jours, non, seulement en remplacement pour commencer, les dimanches et durant ses congés à lui, ou encore lorsqu'il se sentirait trop patraque pour attaquer ses tournées d'un pas alerte. Cet emploi de routine ne nécessitait aucun diplôme spécial ; le certificat d'études décroché par Nelly à douze ans suffisait parfaitement. Il ne fallait que de la bonne volonté et du courage, deux qualités dont notre amie ne manquait pas. La petite télégraphiste fut ainsi promue factrice intérimaire, sans autre forme d'examen que le bon vouloir du facteur-receveur.

Hélas ! la paralysie frappa le père quatre ans plus tard.

Un rude malheur qui plongea la maisonnée dans le besoin. La mère et la fille eurent beau s'abîmer dans les ouvrages de couture, elles récoltèrent juste de quoi régler le médecin, guère davantage. Il s'agissait désormais de s'arranger autrement.

C'est à cette époque, vers 1925, que les postes décidèrent de rattacher la commune voisine de Villamblain à celle de Péronville. Cette fusion n'enchanta point le facteur titulaire de Péronville, qui mesurait combien une telle mesure augmenterait et compliquerait son travail. Pour ne rien faciliter, l'homme qui se chargeait jusqu'alors du courrier sur Villamblain ne voulait plus continuer d'assurer le service. Ouvrier agricole sans embauche, il s'était rabattu sur cette besogne en attendant de dégoter une place de charretier ; or voici qu'un fermier des environs venait de lui promettre ce qu'il guignait depuis longtemps. Il partit donc à la Saint-Jean, selon l'usage, sans se soucier de sa relève. Le facteur ne trouva personne pour le seconder au pied levé. Aussi pensa-t-il à la jeune Nelly qui le suppléait si bien sur Péronville. Il lui alloua quinze francs par jour, beaucoup plus que ne rapportait la couture, et proposa à la mère d'effectuer les remplacements jadis attribués à la fille.

Ce village qui se situait aux finages du sien, Villamblain, Nelly ne le connaissait que par ouï-dire. C'était à ses yeux un vague pays étranger dont elle ignorait tout des gens et des façons. Conquérir le bout du monde ne lui aurait guère paru plus aventureux qu'affronter cette paroisse inconnue, distante d'à peine une lieue de son clocher à vol d'oiseau. Son père se douta de ses appréhensions. Comme il marchait encore un peu en dépit de la maladie, il s'offrit de l'accompagner et de la guider par les chemins qu'il avait si souvent arpentés autrefois, quand il était cochonnier. Il tenta d'enfourcher son vélo, mais le pauvre n'avait pas avancé d'un tour de roue qu'il était déjà tombé. Nelly en eut le cœur bouleversé. «Ne te tracasse point, papa, le rassura-t-elle en l'aidant à se relever. Je saurai bien me tirer d'affaire toute seule. Retourne à la maison, je t'en prie.» Et elle s'éloigna en crânant, comme si elle se rendait à la frairie. Au fond d'elle-même pourtant, elle n'en menait pas large, oh non !

Mon Dieu, que les routes de par-là étaient mauvaises ! On y chutait d'ornières en nids de poule, de fondrières en bouillasses. Des chemins pas même empierrés par endroits, mille fois défoncés par les attelées de quatre chevaux patauds qui tiraient de lourdes farinières, des percherons crottés prêts à vous écrabouiller à la première embardée... Nelly apercevait bien des fermes et des hameaux çà et là, au loin, mais elle ne savait ni leur nom ni ceux de leurs habitants. Où se terraient exactement Liconcy, La Pierre-Percée et La Mouise ? En quelles bâtisses logeaient les familles que le facteur avait inscrites sur sa liste ? La plupart des patronymes se répétaient et se ressemblaient, à croire que ces gens vivaient tous en cousinage. Mais ce n'était qu'un faux semblant, le postier de Péronville l'avait bien avertie là-dessus. Elle l'entendait encore lui dire : «Ne te trompe surtout pas de destinataires, ma fille, quand tu liras tes enveloppes !» Et il avait ajouté qu'on ne se causait plus beaucoup, là-bas, rapport à de vieilles disputes héritées des anciens, à des bisbilles de droit de passage et à des méchants procès. Les paysans ne pouvaient plus expliquer la réelle raison de leurs chicaneries ; n'empêche, ils s'empressaient de mordre dans chaque pomme de discorde qu'on leur tendait. Ça serait un drame, pour sûr, que de donner à l'un le journal auquel l'autre s'était abandonné. Et puis d'aucuns ne répondaient qu'à leur sobriquet ; il fallait donc se casser la tête à déceler les véritables identités sous les surnoms, autre source de confusion et d'embrouille...

Le soir, Nelly rentra chez elle fourbue, le moral au plus bas et les jambes rompues. Elle traîna sa détresse le lendemain et le surlendemain ; ce fardeau lui pesait davantage encore sur les épaules que les sacs postaux. Au quatrième soir, elle s'affala sur la table de la cuisine et fondit en larmes, le visage dans les mains, autant brisée de désespoir que de fatigue. Elle avoua entre deux sanglots qu'elle ne parviendrait jamais à s'arracher de ce guêpier. Ses parents la réconfortèrent comme ils purent, et certainement d'un ton qui convenait. Le matin suivant en effet, Nelly repédalait hardiment sur sa bicyclette, ses deux sacs ficelés sur le porte-bagages, bien déterminée qu'elle était à ne plus céder aussi facilement au cafard. Son parti était pris : elle deviendrait la messagère que le facteur de

Péronville espérait qu'elle soit !

Nelly desservait le bourg et les écarts de Péronville puis se dirigeait sur sa lancée vers Villamblain. Là-bas la relayait partiellement M. Cheneau, un facteur vieillissant qui la soulageait en s'occupant des maisonnettes et des fermes situées aux confins. Nelly accomplissait ainsi deux tournées quotidiennes, l'une en matinée et l'autre le tantôt, ce qui représentait une cinquantaine de kilomètres à couvrir dans la journée, à bicyclette. Elle ne bouclait qu'un seul circuit les dimanches et les fêtes. Deux jours de repos par an, pas un de plus : le 14 Juillet et le 11 Novembre.

Les sacs étaient lourds. Il faut dire qu'on s'écrivait beaucoup à l'époque de l'entre-deux-guerres. Aujourd'hui on se téléphone ; autrefois on griffonnait une carte postale pour un oui ou pour un non, pour signaler qu'on était bien arrivé, que la grand-mère se remettait difficilement de sa grippe ou tout simplement pour souhaiter un joyeux anniversaire à sa cousine. L'avalanche des vœux, en fin d'année, submergeait immanquablement le bureau de poste ; et aussi les périodes d'élection, quand chaque candidat semait sa réclame aux quatre vents qu'il jurait de faire bientôt virer. D'aucunes maisonnées ne recevaient pratiquement jamais de correspondance et n'en postaient pas davangage ; d'autres au contraire collectionnaient à chaque distribution plusieurs journaux et un bon paquet de lettres. Tout dépendait des relations familiales qu'on entretenait et de l'aisance de sa situation, bien sûr.

Le matin, Nelly quittait la demeure paternelle dès six heures moins vingt, exactement dix minutes avant l'arrivée du train en gare de Péronville. On imagine combien il lui était pénible, l'hiver, de s'arracher du lit. Elle passait à la poste et jetait le sac de courrier à expédier dans sa brouette ou sur son dos, selon le volume à emmener. Elle revenait avec les sacs apportés par le train, dont elle triait le contenu sans attendre, à la poste. Un tas pour Péronville, un tas pour Villamblain, un tas enfin pour M. Cheneau. Elle commençait sa première tournée sur le coup de sept heures.

En plus des lettres et des journaux, elle répartissait également les colis et encaissait les mandats et les chèques. Les commerçants réglaient ainsi leurs grosses dépenses, qui sa farine de boulange, qui ses viandes de boucherie. Nelly acceptait parfois des sommes importantes. Elle n'en était pas plus fière pour autant car elle tremblait à l'idée d'une malencontre. C'étaient surtout les chemineaux qui l'effrayaient, ces vagabonds guenilleux, mal rasés, à la trogne rougeaude de vinasse souvent, qui chapardaient leur pain et remplissaient leur besace de rapines. Elle pressait sa sacoche contre elle quand l'un d'eux la croisait au coin d'un bois. D'ordinaire, ces malheureux se tenaient vautrés dans la friche du fossé, leur bâton à portée de main, à ruminer on ne savait quel méfait. Alors elle appuyait bien fort sur les pédales afin de plus vite s'échapper de leur mauvaiseté. Jamais, Dieu merci, elle n'eut à en repousser les attaques.

Notre factrice vidait les boîtes publiques au cours de ses tournées. Chacune de ces boîtes, une par hameau, portait une lettre différente, l'empreinte, que Nelly devait cocher sur le formulaire qui attestait de son passage. Un contrôleur vérifiait quelquefois derrière elle et glissait un avis dans chaque boîte inspectée.

Nelly regagnait la poste de Péronville aux alentours de midi, plus ou moins tôt selon que les vents l'avaient retardée ou que son vélo s'était embourbé en chemin. Elle oblitérait les plis de la levée puis les fourrait dans le sac qu'elle livrerait à la gare lorsqu'elle irait chercher l'arrivage suivant, en début du tantôt. Enfin, elle rentrait chez elle et dévorait d'un franc appétit.

Le second train s'annonçait à une heure dix de l'après-midi. Nelly échangeait le courrier qu'elle avait relevé avant dîner contre celui qu'elle devrait distribuer dans sa fin de journée. Il y en avait beaucoup moins que le matin : quelques journaux du soir principalement et une poignée de lettres qu'elle triait rapidement. Elle repartait pour sa deuxième tournée à deux heures mais cette fois, elle délaissait les écarts isolés et ne passait que dans les bourgs et les hameaux importants. Elle réduisait donc considérablement son itinéraire et perdait moins de temps en route. L'unique ferme où elle se rendait derechef était celle du maire de Villamblain, fonction oblige, les dépêches et autres documents administratifs ne tolérant aucun retard dans leur acheminement.

Pas de nouvelles, bonnes nouvelles.
(Collection Muguette Rigaud).

Nelly ne lambinait jamais en chemin car sitôt son factage terminé, elle courait aider sa mère dans ses travaux de couture. Elle revenait à la poste vers cinq heures et demie, y déposait le courrier qu'elle emporterait au train du lendemain matin, puis rentrait à la maison. Aucun instant ne devait être gâché en vaines songeries. Elle cousait avec sa mère jusqu'à des heures indues. Les deux femmes veillaient fréquemment après minuit quand les commandes affluaient. Une nuit de Pâques, elles ne dormirent que pendant un double tour d'horloge. Le surmenage n'exempta pourtant point notre fille de repartir en tournée dès potron-minet, comme d'habitude.

Certains soirs de vilaine saison, tout en tirant l'aiguille, la mère tendait l'oreille à la galerne qui hurlait au dehors, et elle se lamentait : «Ma petite, tu entends le vent ? Comment vas-tu faire demain matin ? — Ne t'inquiète pas, maman, lui répondait Nelly. Ça ne soufflera peut-être plus d'ici là !» Tant de sérénité tranquillisait la brave femme ; elle était loin de penser qu'en vérité, sa fille se rongeait les sangs plus qu'elle ne voulait le montrer...

Dame oui ! les mois de grisaille sur les plaines de Beauce avaient de quoi affoler une demoiselle. Le paysage morne se déroulait à perte de vue et les labours d'hiver le changeaient en un désert terreux. Pour tout signe de vie, le croassement d'un corbeau ou le juron d'un charretier perdu à l'horizon d'un guéret. Un rien de brouillard suffisait à gommer les rares repères du trajet, de sorte qu'égaré entre deux patelins, on se sentait soudain perdu, oublié de ses semblables. Sous les giboulées de mars ou sous les pluies d'automne, le chemin se pourrissait en un long bourbier dans lequel Nelly avait grande peine à se dépatouiller. Elle gardait toujours en poche un couteau et une raclette de bois qui lui servaient à débourrer les garde-boue de son vélo. Mais l'été ne valait guère mieux puisqu'alors, c'était le hâle qui bétonnait les ornières à tel point qu'une roue de bicyclette se voilait en dérapant dedans ! Avec ses quarante-cinq kilos de jeunesse et ses deux sacs de courrier, Nelly menait sa bécane à rude épreuve. Aucune selle ne lui résista. En désespoir de cause, elle demanda à son père de lui adapter un vieux siège de moto.

Par temps de neige, finies les prouesses cyclistes : il fallait se déplacer à pied, avec les sacs sur l'échine. Nelly chantonnait pour entraîner son allure et tromper la longueur de la trotte. Elle chaussait ces jours-là des sabots surmontés de jambières en cuir, à lacets. Elle en possédait une couple de paires, une pour chaque tournée. Aussitôt rentrée à la maison, elle bourrait de journal les sabots qu'elle venait d'ôter et les poussait sous le poêle, où ils sécheraient pendant qu'elle mouillerait l'autre paire. Elle enfilait également d'épaisses chaussettes de laine qu'elle s'était tricotées en prévision des froidures.

Un soir de chien, dans les mois les plus courts, elle revint en traînant un genou affreusement enflé qui la faisait pleurer de douleur. Plus moyen de marcher. Le courrier du lendemain devait pourtant être distribué, torture ou pas. Elle sollicita deux de ses voisins de vouloir bien la remplacer. Rien à faire, les rudes gaillards en question ne tenaient nullement à ce que l'hiver leur gèle la moelle des os. «C'est la crève qu'on attrapera !» s'écrièrent-ils. Et ils lui conseillèrent de ne point s'entêter. Allons donc ! un jour sans courrier, par ces températures, ne dérangerait sûrement personne... C'était méconnaître la ténacité de la petite factrice ! A bout d'arguments, elle se résolut à partir tout de même le lendemain matin, advienne que pourra. Son service n'avait pas à souffrir de ses défaillances, non mais ! Au moment de se coucher, elle entortilla son genou avec un chiffon imbibé d'essence de térébenthine. Un vieux remède de cheval préconisé par son père. Cet étrange pansement la brûla au point qu'elle n'en ferma pas l'œil de la nuit mais au matin, parole, le mal avait disparu en même temps que l'enflure ; Nelly gambadait sans ressentir la moindre gêne. Elle partit donc comme juré. Ses deux voisins en restèrent éberlués et, même, un peu confus quand ils la virent s'éloigner dans le froid. Ce qu'ils avaient refusé d'accomplir, eux les bravaches du bourg, une fille de fluette complexion n'en faisait ni une ni deux. Quelle leçon d'opiniâtreté pour ces grands dadais, vraiment !

Au demeurant, les gens de la contrée se montraient fort gentils envers leur factrice, voire prévenants. Ceux qui venaient assister à la messe, le dimanche, se rendaient d'abord à la poste et y retiraient leur courrier de façon à éviter du dérangement à Nelly. En frimas, les bonnes femmes des hameaux la guettaient pour la réchauffer d'une bolée de lait chaud ; la boulangère la gratifiait d'un pain au chocolat ou d'un morceau de brioche. Sur la route on se faisait un devoir de la secourir lorsqu'elle se trouvait dans l'embarras. Et toujours un petit mot aimable pour l'encourager...

Un dimanche enneigé de 1928, une des rares automobiles de la région s'arrêta aussitôt après l'avoir doublée. Le conducteur la délesta d'un sac lourd de courrier relevé, qu'il transporta jusqu'au bureau. Nelly put ainsi poursuivre son périple sans trimballer un poids encombrant. Cet homme obligeant s'appelait Henri Pousse ; il habitait à la ferme de Thironneau.

Une autre fois, ce fut le fermier de La Pierre-Percée qui conduisit notre factrice, en auto, de chez lui à Villamblain. Il était convenu que Nelly achèverait sa distribution habituelle avant de le rejoindre au café de la Place, où il l'attendrait pour la ramener à sa ferme et à son vélo. C'était une offre bien charitable, sans doute, mais qui s'accordait mal avec la timidité de notre amie. Car en approchant du lieu de rendez-vous, Nelly fut abasourdie d'entendre les braillées poissardes d'une équipe de clients particulièrement forts en gueule. Ce vacarme la pétrifia tellement qu'elle n'osa pousser la porte du café, de peur d'essuyer une averse de moqueries. Et elle revint à pied, penaude, jusqu'à La Pierre-Percée, pendant que le fermier s'étonnait de ne point la voir reparaître. «J'étais un peu nigaude, raconte-t-elle maintenant en souriant. Que voulez-vous, il n'en fallait pas beaucoup pour effaroucher une jeune fille en ce temps-là !»

Certains facétieux de Péronville misaient d'ailleurs sur cette réserve pour lui causer quelques émotions. Sans penser à mal, bien évidemment. C'était leur manière de la taquiner un brin et d'en rigoler ensuite de bon cœur. Quand le crépuscule assombrissait l'allée de la gare, ces garnements prenaient la dégaine suspecte des trimardeurs et, le visage masqué par le chapeau, fonçaient vers elle d'un air décidé, menaçant. La pauvrette tremblait de tout son être, croyant déjà son heure sonnée. Eperdument elle serrait sa fichue sacoche dont la ventrée de monnaie tintait à chacun de ses pas, comme pour allécher encore davantage la canaille des grands chemins. Et les gars, ces chenapans, ne se découvraient qu'à l'ultime seconde, quand ils la touchaient presque, pour la saluer d'un retentissant bonsoir. Ils riaient de leur fredaine, les vauriens, et Nelly riait aussi, sacrément heureuse qu'elle était d'avoir frôlé le coupe-gorge de si près !

Quoi qu'il en soit, ces innocentes plaisanteries n'altéraient en rien le respect que chacun prodiguait à la jeune fille. Nelly était quelqu'un qu'on estimait pour ses mérites personnels comme pour les services dont elle s'acquittait avec joie. Jamais elle ne refusait d'apporter les bricoles qu'on lui demandait, en plus du courrier, et toujours elle se mettait en quatre pour dépanner autrui. Untel la priait de lui acheter un paquet de gris, Unetelle un petit quelque chose de mercerie ou d'épicerie. Factrice certes, mais commissionnaire tout autant. Elle ne demandait rien en échange ; on lui glissait néanmoins une piècette dans le creux de la main.

Comme on la savait moins empêtrée de courrier le tantôt, on ne lui confiait les colis à déposer en gare qu'à sa seconde tournée. Chaque semaine, un garde-chasse lui remettait les lièvres qu'il avait tués sur la propriété. Il entortillait ses bouquins dans des rouleaux de paille d'où ne dépassaient que les oreilles et les pattes. Le gibier filait à Paris, et c'est le maître du domaine qui s'en régalait. Nelly prenait sur elle de remplir les bordereaux d'expédition dès qu'elle arrivait au guichet de la gare.

En fin d'année, elle glanait une petite prime supplémentaire en colportant les traditionnels calendriers des postes. Chaque famille en choisissait un, heureusement, car notre factrice n'avait pas le goût à faire l'article. A vrai dire, cela l'ennuyait même un peu : elle craignait que «ça demande», que les gens voient en cela une manière de mendicité déguisée. Mais c'était la coutume et en fin de compte, elle ramassait ainsi de coquettes étrennes sans que personne ne puisse y trouver à médire.

Son travail lui plaisait, à Nelly, malgré les intempéries qu'elle devait endurer. Elle n'aurait pas accepter de vivoter cloîtrée entre ses quatre murs comme tant d'autres filles de son âge. Son seul regret : le début de la messe qu'elle manquait le dimanche. Cela contrariait bougrement ses convictions religieuses. Par bonheur, nous l'avons dit, sa tournée dominicale se réduisait de beaucoup puisque les familles pratiquantes prenaient les devants en se présentant à la poste avant de s'agenouiller à l'église. Le curé, qui n'ignorait rien de ses obligations professionnelles, l'avait absoute par avance tant il est vrai qu'en matière de croyance, la communion spirituelle n'implique pas forcément la présence physique. «Ce sera parfait, la rassurait-il souvent, si tu assistes à l'offertoire». Le bon Dieu s'en contenterait, le curé et notre factrice aussi.

La danserie lui posait moins de problèmes. Eh, oui ! Nelly adorait valser. Pour rien au monde elle n'aurait voulu louper un musette. Elle s'y précipitait dès que son ouvrage et ses dévotions lui en laissaient le loisir. Un lundi matin, elle s'en souvient, elle abordait l'orée du bourg, à pied et en robe de bal, lorsqu'elle entendit le train siffler en gare de Patay. Elle ne disposait donc que de dix minutes pour s'apprêter. Elle prit ses jambes à son cou, se précipita chez elle, se déshabilla et se rhabilla à la hâte, enfin parvint à la gare de Péronville en même temps que le train annoncé. Ouf ! il s'en fallait de peu qu'elle ne ratât l'arrivée du sacro-saint courrier. Le soir même, elle repartait guincher dans un bourg voisin, à sept kilomètres de là, et ne rentrait que le mardi au matin pour reprendre le collier. Deux nuits à gambiller et trois jours à marcher, quasiment sans souffler !

Nelly interrompit ses tournées en 1935, quand il fut décrété qu'on n'effectuerait qu'une seule distribution quotidienne sur les communes jumelées de Péronville et de Villamblain. Elle s'installa alors comme couturière dans la maison de sa mère ; au besoin elle remplaçait au débotté les facteurs stagiaires.

Elle reprit la tournée juste avant la guerre, en 39, à la demande du facteur receveur. La gare fut désaffectée après la Libération. Dès lors les sacs de courrier arrivèrent par le car. Nelly s'acheta une motocyclette et continua ses distributions jusqu'en 68, l'année de la chienlit qui effraya tant nos campagnes.

Madame veuve Georget coule aujourd'hui une retraite paisible à Péronville, sous le toit qui l'a vu naître. Mais le plus surprenant, c'est qu'elle ne bénéficie d'aucune pension des P.T.T., tout simplement parce que sa titularisation n'a jamais été entérinée. Elle en fit jadis la demande, en vain. Un hasard malveillant laissa son dossier sombrer dans la paperasse. Elle n'a rien osé réclamer depuis. L'administration semble avoir oublié ses états de bons et loyaux services.

Nelly ne se berce plus d'aucune illusion. Factrice, elle ne l'est restée que dans le souvenir des gens du pays. Les distributions se font actuellement en fourgonnette ; à cent lieues du village, dans les bureaux du ministère, on se soucie moins du passé que de l'avenir. On cogite sur la télématique et sur les satellites-relais mais on ne s'émeut guère d'une octogénaire qui distribuait jadis les lettres à vélo, en toutes saisons, par les chemins boueux. «Que voulez-vous, dit humblement Nelly, on a fait notre temps du mieux qu'on a pu. Quand on leur raconte tout ça, les jeunes préposés de maintenant croient qu'on radote !».

Rencontre de l'hiver 83-84.

En certaines localités, avant 1914, le courrier arrivait par la patache. En Orléanais, les facteurs se déplaçaient quelquefois en voiture à chien ; les cartes postales qui représentent ces pittoresques attelages sont très recherchées des collectionneurs.

Articulet découpé dans «La République du Centre» du Jeudi 6 mars 1986, à la rubrique d'Ingré :

Bébert, facteur en milieu rural.

«Le jour où l'on «faisait la fête à boudin» (tuer le cochon), Bébert repartait avec une belle rouelle et un morceau de poitrine. A Pâques, il faisait sa tournée avec un panier. La tradition voulait qu'on lui offrît des œufs comme aux enfants de chœur. J'avais un œil sur le panier, l'autre sur le courrier, dit-il. Il en a collecté une année soixante douzaines. «Darius», le curé de Saint-Sigismond, l'avait retrouvé avec sa torpédo à Saint-Péravy-la-Colombe et les œufs avaient été vendus chez Leroux, le «volailleux» de la rue de la Gare à Patay.

Voilà qui mettait un peu de beurre dans les épinards ; comme les calendriers en fin d'année car les postiers ne perçoivent pas de treizième mois. Bébert raconte qu'une fois, une personne avait mis plus d'une heure pour choisir un calendrier. Et la brave dame de lui remettre une très modeste piécette loin de couvrir l'achat du calendrier...

Quarante années ont eu raison des quatre vélos fournis à Bébert par l'administration mais, fort heureusement, pas de notre facteur !» (Hommage signé G.P.)

ARTHUR CRÉTEUR, DIT CLOTAIRE (84 ans), ET BLANCHE CAVALIER (87 ans), COMÉDIENS FORAINS.

Attendez que je me souvienne : c'était à la fin des années cinquante.

Le dimanche, comme tous les autres gosses du hameau, je guettais la «tournée de ville» de leur Traction noire. Elle passait toujours à la même heure, peu avant midi. On l'entendait ralentir à hauteur des maisons d'orée, rouler au pas, stopper de place en place pendant que son haut-parleur nasillard crachotait la promesse d'un spectacle désopilant : *«Ce soir, la compagnie Créteur-Cavalier vous présentera «les Gaietés de l'escadron», trois actes de fou rire à ne pas manquer, une comédie militaire qui vous fera oublier vos soucis. Ce soir à 21 heures, «les Gaietés de l'escadron».*

Aussitôt les environs décrétaient la mobilisation générale. En soirée, aux trois coups frappés par le brigadier, la commune toute entière serrerait les rangs pour voir et complimenter l'Armée française de grand-papa, applaudir aux farces courtelinesques de l'ami Bidasse et s'esclaffer des beuglantes de l'inénarrable juteux de service

Pour nous les petits de paysans, pour nos parents aussi, c'était soirée de gala garantie. On retrouverait Jean, le pioupiou marrant qui faisait semblant d'avaler son mégot quand le capiston lui criait après, et le fringant Raymond qui avait le béguin de la mascotte du régiment. Mais nous, les jeunots, nous n'avions d'yeux que pour Maud et Lydia, les gamines de notre âge dont nous étions tous follement amoureux, en secret. C'était cela le théâtre Créteur-Cavalier de mes douze ans, et c'était autrement mieux que les dilemmes cornéliens que Monsieur Saintier m'obligeait à étudier au cours complémentaire ! On en pensera ce qu'on voudra mais les Horace et les Curiace me bouleversaient nettement moins que les Deux Orphelines...

Créteur et Cavalier : deux noms qui se fondent en un seul dans l'histoire du théâtre forain.

La tradition remonte au-delà des mémoires pour la famille Cavalier, probablement au milieu du siècle passé. Nul ne connaît la profession que ses ancêtres pratiquaient avant de grimper sur les tréteaux. Déjà le père de Blanche, Louis-Jacob, qui mourut en 44 à quatre-vingt-quatre ans révolus, était né pour ainsi dire sur les planches !

Tout le monde tenait théâtre démonté dans la lignée. Le père dirigeait le sien, ses fils chacun le leur. Au fil des mariages se constituèrent les troupes Nouvelon-Cavalier, Roger-Cavalier, Baptiste-Cavalier et, bien sûr, Créteur-Cavalier après les épousailles d'Arthur et de Blanche. Une authentique dynastie de saltimbanques.

Côté Créteur, les choses furent plus récentes puisqu'elles ne commencèrent qu'avec l'aïeule paternelle d'Arthur, Joséphine Desbonnet, qui était divette d'opéra-comique sur les scènes des grandes villes. Fut-ce par amour que le grand-père Jacques-François, cultivateur des Flandres, consentit à se muer en histrion ? On peut le supposer. Quand Arthur vit le jour à l'aube de ce siècle, son père Edgar était acteur au théâtre municipal de Boulogne-sur-Mer.

C'est lui, Edgar, aidé de son frère, qui fonda la troupe ambulante des Créteur. La mode réclamait alors des saynètes revanchardes, couplets patriotiques à la clef. La compagnie se trouvait à Sedan en août 14 lorsque se déclencha l'offensive des Ardennes. La tragédie qui se jouait n'avait plus rien d'un divertissement du Théâtre aux Armées, on s'en doute. Les comédiens durent abandonner armes (factices) et bagages pour suivre nos bataillons en retraite. Edgar et ses compagnons se réfugièrent en Bretagne, sans costumes ni baraque ; ils furent indemnisés au titre de sinistrés de guerre, après la victoire. Quatre-vingts troupes identiques sillonnaient les provinces vers 1920.

Chaque troupe disposait évidemment d'une baraque démontable, souvent de sa propre fabrication. Celle des Créteur-Cavalier, construite par Arthur et son beau-frère, était en planches. Sa bâche de toit ne fut remplacée par des tôles en aluminium que sur le tard. Elle reposait sur un parquet et contenait trois cents places alignées en gradins. Des fauteuils aux premiers rangs, de simples bancs derrière. Le spectateur payait plus ou moins cher selon la place qu'il désirait occuper.

Le chauffage nécessitait un poêle Godin dont le long tuyau calorifère traversait la baraque dans sa longueur. On y brûlait du coke. Par la suite, on s'équipa d'une chaudière à mazout.

Les scènes d'antan s'éclairaient au moyen de becs à acétylène. Le théâtre d'Arthur, lui, était doté d'une rampe électrique. On conservait néanmoins une vieille bombe à carbure en prévision d'éventuelles coupures de courant. Le trou du souffleur n'étant pas prévu parce que superflu, on chuchotait la rare réplique oubliée depuis les coulisses.

Jadis une troupe construisait également ses roulottes. Le père Cavalier avait charronné les siennes. Chacune de ces maisons roulantes possédait son anecdote, son historiette. Celle d'Arthur et de Blanche avait ses lettres de noblesse du fait qu'elle aurait appartenu à la famille de Pierre-Richard Wilm !

«Excusez-moi de vous interrompre, me reprend gentiment Blanche, mais on ne prononce jamais le mot roulotte dans notre métier. On préfère le terme caravane. La roulotte, voyez-vous, désigne la voiture des bohémiens, pas celle des comédiens itinérants.»

Oh, pardon ! voilà que je tombais dans l'erreur du commun des sédentaires.

C'était bien cette méprise en effet, ce manque de discernement, qui causait un grave préjudice aux scaramouches du théâtre forain. Car les villageois ne s'embarrassaient guère de nuances lorsqu'ils croisaient des gens du voyage. De prime abord, rien à leurs yeux, ou si peu, ne distinguait un cortège de bouffons d'une tribu de bohémiens. Vendeurs de paniers ou pierrots de chimères, ce n'étaient somme toute que des vulgaires nomades, des créatures de nulle part, des marginaux voués à l'errance.

La gent enracinée toisait donc les uns et les autres avec une égale méfiance, un égal mépris. Du coin de l'œil, en biais, de loin toujours, comme si elle flairait là une bande de romanichels sans foi ni loi, des voleurs de poules qui ne pensaient à remplir le poulailler de leur baraque qu'en vidant celui des honnêtes citoyens.

Certains paysans prétendaient même, tenez-vous bien, que ces satanés baladins enlevaient les petits enfants à la nuit tombée ! Longtemps après la parution du roman de Victor Hugo, le fantôme de *«L'homme qui rit»* continuait de hanter les campagnes. Souvent, à l'approche des caravanes, on voyait de braves mères boucler leur basse-cour et enfermer leur progéniture à double tour. Cette suspicion attristait profondément les Créteur-Cavalier qui ne méritaient point une telle réputation de croque-mitaines.

Fort heureusement, quelques contrées s'ouvraient plus facilement que d'autres, et cela mettait du baume au cœur. Dans le Loir-et-Cher on était assuré de recevoir un accueil chaleureux. A l'inverse, la Beauce du Loiret restait un pays rude ; pourtant, dès qu'on y était connu et accepté, plus personne ne voulait que la troupe reparte. Les Beaucerons orléanais sont moulés ainsi : ils prennent leur temps avant de manifester leur confiance mais quand ils l'ont accordée, ils se montrent d'un attachement et d'une fidélité indéfectibles.

Toutes ces réticences séculaires s'estompèrent avec la vogue du camping et du caravanage. Les paysans comprirent enfin qu'on pouvait vivre sans domicile fixe et n'être nullement un manouche pour cela, si tant est que les manouches soient de lorgne engeance.

Au contraire du père Cavalier qui menait son importante compagnie jusque sur les esplanades des préfectures, Arthur ne dépassait point les places des chefs-lieux de canton. Quinze jours avant l'arrivée prévue dans une commune, il sollicitait du maire une permission d'installation pour la durée d'un mois. La prudence lui conseillait d'écrire simultanément à plusieurs municipalités car beaucoup opposaient un refus catégorique, prétextant le manque d'emplacement ou une vague inopportunité difficile à préciser. Cette sorte de réponse signifiait que la troupe était indésirable et qu'il ne servait à rien d'insister. On se rabattait donc vers un bourg plus hospitalier. S'implanter sans l'autorisation de la mairie aurait entraîné l'intervention immédiate des gendarmes.

Chaque membre de la compagnie devait savoir tout faire : jouer la comédie évidemment, pousser la rengaine à l'occasion, mais encore aider au montage de la baraque, confectionner les costumes, repeindre les décors, graisser les roues des voitures, régler les éclairages et le chauffage. Tour à tour acteur, régisseur, accessoiriste et machiniste. Et chacun de veiller à la propreté impeccable de la baraque afin de couper court aux ragots et aux médisances. La netteté et l'amabilité favorisaient la réussite.

Cependant, il fallait prévoir une bonne huitaine avant que les habitants ne se laissent apprivoiser. On les sentait tiraillés, aiguillonnés par la curiosité et, en même temps, freinés par leur cautèle coutumière. Les villageois qui organisaient des matinées récréatives en amateurs ne se privaient guère de critiquer cette concurrence professionnelle. C'était la misère en attendant les lendemains à guichets fermés. La troupe se produisait devant des gradins déserts, le ventre creux.

«Pour amadouer les gens, confesse Arthur, nous envoyions nos femmes en courses chez les commerçants du bourg. Elles se montraient causantes, toujours tirées à quatre épingles, irréprochables en tous points. C'était notre meilleure publicité !».

La première semaine n'attirait pourtant qu'une quarantaine de badauds par représentation. Les gens hésitaient, se tâtaient, pesaient le pour et le contre, comme s'il s'agissait de se fourvoyer en un lieu mal famé. Dame, il courait tant de rumeurs extravagantes sur l'immoralité des comédiens et, surtout, sur la galanterie des comédiennes ! Puis finalement ils se décidaient, famille après famille. Le mois passé, Arthur prolongeait son séjour d'un second mois, et ainsi de suite jusqu'à épuisement du répertoire. «Séjournez aussi longtemps que vous le désirerez, lui concédait alors le maire. Vous ne dérangez personne et vous amusez tout le monde !». Le pari était gagné.

La mission des Créteur-Cavalier se bornait à distraire les populations rurales en leur offrant un spectacle réservé d'ordinaire aux citadins. La plupart des paysans, à l'époque, ne virent jamais d'autres prestations théâtrales que celles proposées dans les baraques foraines.

Le répertoire se composait principalement de pièces anciennes dédaignées par les salles de Paris. La faveur du public se portait sans contredit sur les mélos réalistes. Les campagnes larmoyaient volontiers devant les infortunes de «la Porteuse de pain» ou les malheurs de «la Pocharde». De même, on aimait écraser un pleur sur le sort lamentable de «Roger la Honte» (que l'on avait déjà lu en feuilleton dans le journal) ou sur la déchéance de «la Fille du garde-chasse». Des scènes figées, les tableaux, s'intercalaient parfois entre les actes des pièces à fresques historiques. L'adaptation des «Misérables», un modèle du genre, n'en comprenait pas moins de douze ! Un monument.

Le vaudeville remportait aussi un franc succès : on se remettait de la tragédie en découvrant «les Surprises du divorce» ou en suivant les fredaines du «Contrôleur des wagons-lits».

Autre triomphe infaillible : le comique troupier. Les tourlourous de «Tire-au-flanc» et du «Train de 8 heures 47» faisaient toujours recette ! Ce burlesque en pantalon rouge rappelait le bon temps de la garnison aux vétérans tout en préparant la bleusaille aux absurdités de la caserne.

Et puis il y avait la fantaisie légère du mardi que vous devinez à demi-mot, la coquinerie qui offusquait les mijaurées et qui émoustillait les grands dadais boutonneux. C'était «la Nuit de noces», «Adèle, couche-toi !» ou «Vous n'avez rien à déclarer ?». Pas de situations scabreuses, non : tout juste quelques rebondissements un peu lestes. On entrevoyait une demoiselle en combinaison qui se glissait par étourderie ou quiproquo dans la couche d'un monsieur en caleçon. Pas de quoi fouetter un chat, vraiment. Un enfant de chœur d'aujourd'hui sourirait d'une telle pruderie. Pourtant ces folles audaces paraissaient tellement libertines que la direction prenait garde de déconseiller ce «spectacle osé», ce marivaudage, aux moins de quinze ans. On ne badinait pas avec l'amour, non mais !

Au vrai, cette interdiction subissait bien des entorses. Blanche, à la caisse, n'exerçait jamais un contrôle sévère. Elle se contentait d'avertir les pisse-froid qui lui semblaient particulièrement pudibonds, voilà tout. A eux d'assumer ensuite leurs responsabilités parentales.

La comédie à ariettes enfin, l'opérette, ne s'inscrivait guère à l'affiche pour la simple raison que la troupe manquait d'artistes lyriques. Le seul capable de se débrouiller dans la chansonnette, honorablement s'entend, était un frère Cavalier, Charles. Pas d'orchestre bien sûr. Blanche ou sa belle-sœur pianotait ; Arthur raclait quelquefois son violon. Cela suffisait pour accompagner «les Vingt-huit jours de Clairette» et «les Mousquetaires au couvent»...

Il faut encore noter que la compagnie créait également ses propres pièces, à l'instar de l'Illustre Théâtre. C'était Jean, le fils, vaudevilliste à ses heures, qui les mitonnait au goût du public. Ses divertissements boulevardiers rassemblaient inévitablement Madame, son cocu de mari et son amant dans une intrigue à la Feydeau.

Les Créteur-Cavalier mettaient un point d'honneur à respecter scrupuleusement le texte des dramaturges. Ils travaillaient sur livret sans s'égarer dans ce qu'on nomme le canevas, c'est-à-dire dans l'improvisation qui autorise les protagonistes à broder autour d'un argument selon leur humeur du moment. Le théâtre forain usait fréquemment de cette liberté, mais point chez Arthur. Forme moderne de la *Commedia dell'arte* ou non, jamais la troupe ne transigea sur ses principes.

Bien entendu, les permissionnaires en uniforme ne payaient que demi-tarif, ainsi que les gosses des écoles. Deux cent cinquante anciens francs au lieu de cinq cents. La caissière proposait un programme en délivrant les billets tandis que les filles promenaient leur corbeillée de bonbons dans les travées.

Les profanes s'imaginent qu'un comédien s'amuse autant que les gens qu'il fait rire. Rien n'est plus faux. Le métier d'acteur fatigue son homme plus qu'on ne le croit. Il y a la tension nerveuse des entrées en scène et l'investissement total des comédiens pendant toute la durée du spectacle. Les Créteur-Cavalier s'écroulaient au tomber du rideau, complètement lessivés. Durant une couple d'heures ils avaient endossé la peau d'un personnage qui les gênait parfois aux entournures, une peau sans commune mesure avec leur véritable nature, et ce dédoublement scénique les anéantissait.

Arthur, qui n'est pas méchant pour un sou, avoue qu'il devenait foncièrement exécrable quand il incarnait un salopard. Le temps d'un vilain rôle, il se laissait envoûter par son personnage au point de renier ses sentiments, son identité intrinsèque. Le moi de l'autre se confondait à son caractère réel. Plus le public le détestait et plus il jubilait en son for intérieur. Il ne jouait plus un ignoble individu : il l'était vraiment. Une osmose totale.

L'acteur modifiait également son allure, son visage, sa silhouette. Il se maquillait dans sa caravane ou, en cas de métamorphose urgente, dans les coulisses. Le grimage était primordial. Une moumoute, une paire de rouflaquettes postiches, des rides dessinées au fard : le comédien vieillissait de cinquante ans en un quart d'heure. Gambadant au premier acte, il ne marchait que plié en deux au troisième. La scène oblige à de troublants raccourcis.

Les théâtreux d'autrefois avaient tendance à forcer sur la grandiloquence, à déclamer des envolées de rodomonts à faire pâlir n'importe quel matamore. Ce ton parut ridicule après la guerre. Sous l'influence de la jeune génération dont se réclamait Jean, la troupe dut adopter un jeu plus désinvolte.

Le trac ? Non. On était trop rompu au métier pour se ronger les sangs. On appréhendait seulement certains monologues interminables, la tirade de Jean Valjean par exemple, seul en scène, qui s'étalait sur cinq pages de brochure. Insoucieux de la perfide lacune, les Créteur-Cavalier n'étaient donc point de ceux qui prient saint Julien ou qui se signent avant le spectacle. Croyants bien sûr, mais pas superstitieux à l'excès. Toutefois, Blanche n'aimait guère les œillets — qui portent la poisse — et elle ne bravait jamais les interdits du vendredi. On ne sait jamais.

Le trou fatidique survenait pourtant quelquefois. Du vent dans la mémoire, soudain. On avait beau connaître son rôle depuis toujours, vlan ! Plus rien : le noir. Le partenaire s'en apercevait immédiatement ; il relançait sa réplique en l'arrangeant de façon à repêcher son compère

Viens voir les comédiens, comme dans la chanson.
(Collection Muguette Rigaud).

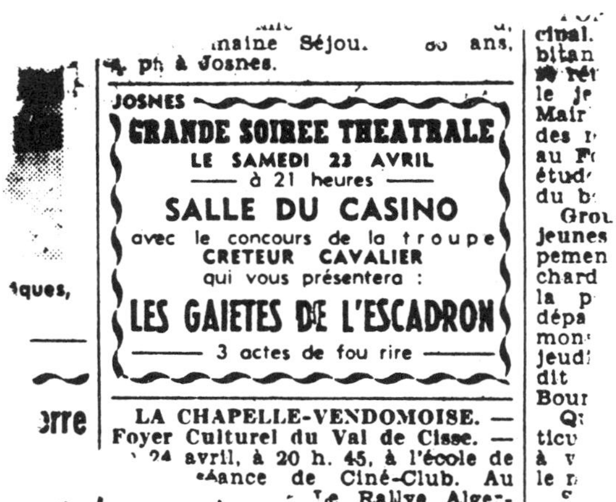

maine Séjou. 80 ans,
ph à Josnes.

JOSNES

GRANDE SOIREE THEATRALE
LE SAMEDI 23 AVRIL
à 21 heures
SALLE DU CASINO
avec le concours de la troupe
CRETEUR CAVALIER
qui vous présentera :
LES GAIETES DE L'ESCADRON
3 actes de fou rire

LA CHAPELLE-VENDOMOISE. — Foyer Culturel du Val de Cisse. — 24 avril, à 20 h. 45, à l'école de ...éance de Ciné-Club. Au ... Le Rallye Alge...

Découpé dans
"la Nouvelle République"
du Jeudi 21 avril 1960.

en difficulté. Un autre soufflait de la cantonade. Le jeu repartait de plus belle, au quart de manivelle. Le public, quant à lui, ne remarquait jamais rien.

L'avantage du théâtre forain consistait essentiellement dans la variété des rôles à tenir. La veille héros admiré, le lendemain traître odieux, le comédien ne se répétait guère, ne s'enfermait dans aucun registre, au contraire des acteurs de salle qui servaient le même emploi pendant des six mois d'affilée.

D'ailleurs il arrivait qu'un comédien doive interpréter plusieurs personnages différents lors d'une représentation, jouer le bon au début puis le méchant à la fin, et pallier ainsi l'insuffisance de l'effectif. Souventes fois, Jean se travestit en soubrette, perruque blonde et rouge aux lèvres, sans que personne dans la salle ne soupçonne le subterfuge. «C'était ma sœur jumelle», confiait-il le lendemain à ceux que l'apparition de la blondinette avait éblouis !

La troupe d'Arthur comprenait une quinzaine d'éléments. On distribuait les rôles en fonction de l'âge et des possibilités de chacun. Comédien dès sa tendre jeunesse, l'enfant savait qu'il serait, au fil des ans, le fils et le père dans une même œuvre. Quand un gamin faisait défaut, on choisissait un garnement du pays qui apprenait le texte. Deux ou trois répétitions suffisaient à sa mise au point. Il n'y avait guère à chercher pour dénicher la Cosette ou le Gavroche parmi les écoliers qui tournaient autour des caravanes en écarquillant des yeux ronds. Tous étaient ravis de sauter sur l'aubaine.

Parfois on devait engager des figurants extérieurs. Un homme, une femme, un couple. Le rendez-vous des cachetiers se tenait à Paris, en un café de la Porte Saint-Martin à l'enseigne de Louis-Quatorze. On annonçait le rôle à pourvoir et l'on offrait, outre le cachet, le remboursement du billet de train et le prix de la chambre d'hôtel. C'était cher payé mais une telle dépense maintenait le bon niveau du répertoire.

Les artistes parisiens acceptaient volontiers de se déplacer. Une salle avec façade ou une baraque foraine était toujours pour eux, d'abord, un temple de Thalie. Beaucoup venaient du théâtre ambulant — la meilleure des classes, certifie Arthur — bien que certains cabotins sacrés vedettes fissent mine de ne plus s'en souvenir. D'autres en revanche, qui s'enorgueillissaient de cette origine, n'hésitaient pas à se mêler incognito à la file d'attente. Les Créteur-Cavalier eurent ainsi le plaisir de remarquer plusieurs célébrités de l'époque parmi leurs spectateurs, dont le très adulé Victor Francen qui les félicita après la représentation.

La période de mise en confiance écoulée, le public participait sans réserve aux réjouissances. Il huait le fourbe, raillait le géronte à gorge déployée, prenait aussitôt fait et cause pour l'innocent souffre-douleur de l'abominable marâtre. Dès que le scélérat de la pièce accusait l'ingénue des pires mauvaisetés, on entendait l'auditoire gronder. «C'est pas elle ! s'écriait l'un. — C'est l'autre !» dénonçait en écho son voisin. L'acteur qui héritait du méchant rôle était vraiment considéré comme le dernier des bandits. L'assistance le reluquait de travers à l'entracte, de manière à lui signifier clairement qu'on ne lui pardonnait point les bassesses de son personnage. Et le pauvre ne se consolait qu'à l'idée de jouer le redresseur de torts bien-aimé à la prochaine séance.

Prompts à secourir la veuve et l'orphelin, les chevaliers du parterre l'étaient aussi pour applaudir et pour bisser. Pas besoin de claque. «Les bravos nous récompensaient autant qu'une caisse remplie, dit Arthur. Ils nous encourageaient à nous surpasser. Jamais on ne nous a sifflés. Vous entendez : jamais !» Et Blanche de renchérir : «Ça, nous ne l'aurions pas supporté. Le lendemain nous aurions plié la baraque et nous nous serions éloignés du pays pour ne plus y reparaître.»

Les assidus ne rataient pas une séance de la saison. D'autres habitués apportaient des légumes, des fruits, des fleurs en hommage. Ils disaient simplement : «C'est pour vous, qui n'avez pas de jardin.» Dans mon village de Josnes, M. Bourreau, le maire, offrait des bottes d'asperges en guise de bouquets.

La troupe campait ainsi quatre mois à chaque étape. Elle donnait quatre soirées par semaine : le mardi, le jeudi, le samedi et le dimanche. On profitait des jours de relâche pour réparer les toiles de fond, raccommoder les fanfreluches, répéter de nouveaux drames. On rejouait rarement une pièce, sauf quand le public le souhaitait avec obstination.

La représentation d'adieu s'intitulait le «Sens dessus dessous». C'était la revue du pays, une tradition de métier qui remerciait la clientèle de sa bienveillance, un pastiche de la vie communale composé de personnages à ressemblance, moins moquerie que salut cordial.

En quatre mois, les comédiens avaient eu le loisir de croquer les manies des notables et les tics des paroissiens marquants. Mon grand-père Camille n'y coupait jamais. On reconnaissait aussitôt sa bouffarde plantée dans ses moustaches de Gaulois, sa casquette du dimanche, le ballon de rouge entre ses mains tremblotantes et sa partie de belote dominicale qui lui tenait office de vêpres. Le bonhomme était un fervent de théâtre : il ne manquait pratiquement rien de la tournée et quand il montait à Paris, par le chemin de fer, c'était pour se rendre au Châtelet.

«Pas de doute, c'est bien toi que v'là !» ricanait-on en tapant sur l'épaule du père Untel à l'apparition de sa doublure. Déjà surgissait un autre portrait pittoresque. Celui-ci singeait l'épicier avec sa blouse grise et sa sacoche sur la bedaine, ou le bedeau plus bossu que Quasimodo. Tous se gaussaient de leur caricature sans penser à protester, flattés au fond de s'être signalés à des comédiens si plaisants.

C'était la croix et la bannière, pour la troupe, de quitter une commune qui l'avait définitivement intégrée. Arthur promettait de repasser dans cinq ou six ans. Souvent on s'installait dans une localité voisine et l'on revenait jouer un de ces quatre dimanches dans le «casino» municipal.

En général, les Créteur-Cavalier ne bougeaient que par sauts de puce d'une douzaine de kilomètres, de gros bourgs en petites villes. Leur tournée s'étendait au Blaisois, à l'Orléanais, à la Puisaye, au Bourbonnais, au Nivernais et à la banlieue parisienne.

Il fallait une quinzaine de percherons pour traîner les sept caravanes et les fourgons bourrés de matériel. La troupe ne possédant pas de chevaux, Arthur louait les attelées des cultivateurs du patelin. Les charretiers ne demandaient pas mieux que de conduire le convoi. Bien qu'ils n'aient pas le droit de se livrer aux travaux de roulage, les fermiers se dérobaient rarement à cette obligeance envers des comédiens qui les avaient tant divertis. Souvent même ils ne réclamaient aucun défraiement. Plus tard, avec la modernisation de l'agriculture, les canassons furent remplacés par les tracteurs.

Nous contions plus haut que les saltimbanques faisaient parfois figure de ravisseurs d'enfants dans les croyances populaires. C'était faux bien sûr, quoique le crime faillît être commis à Boynes quand trois gamins se cachèrent dans la costumière au moment du démontage. Trois gamins que Blanche ne dénicha qu'à la halte suivante... Vous imaginez sa stupeur. Elle leur proposa un goûter pendant qu'Arthur se hâtait de téléphoner aux parents. Ah ! mon Dieu, quelle histoire ! Que n'allait-on pas cancaner sur leur compte après cette tournée-là ?

«Croyez-moi sur parole, plaide Arthur en plaisantant, nous n'avons jamais volé de mioches. Les deux nôtres nous suffisaient à élever !»

Ça, on l'admet aisément. Ces deux enfants, ce sont Jean et Sonia. Nés au hasard de la balade, le fiston à Montreuil-sous-Bois et la fille à Corbeilles-en-Gâtinais, puis scolarisés de même. Sonia se mariera avec Raymond Cavalier, son cousin germain, dont elle aura deux garçons.

Enceinte, une femme continuait de jouer comme si de rien n'était. On évitait seulement de lui confier un rôle d'ingénue quand son état devenait trop visible. On masquait sa grossesse par un semblant d'embonpoint...

Dans la troupe, il n'y avait que l'épouse de Jean à n'être pas née dans le métier. «Mais elle s'y est bien mise !» s'empresse d'ajouter Arthur.

C'était à la veille de la guerre, on venait de planter la baraque à Beaune-la-Rolande. Bientôt les autorités interdirent les déplacements des forains sous peine de les assimiler aux gitans et, par conséquent, de les interner dans les camps des alentours dont on n'ignorait rien à la ronde. Le sort des détenus à la décoration stellaire, pour emprunter l'expression des collabos cyniques, y était épouvantable. Une des hontes indélébiles de l'humanité. Alors on remisa prudemment les caravanes dans une ferme des environs et on loua la salle des fêtes municipale.

Jean bénéficia de cette sédentarisation forcée pour courtiser la jeune Solange Renard. Le père était maréchal, la mère couturière, et tous deux appréciaient le talent des Créteur-Cavalier. Ils ne crièrent donc point au déshonneur quand leur fille, à la Libération, leur dévoila son désir de quitter le logis familial pour suivre les caravanes qui reprenaient la route. Voici par quelle romance Solange Renard se joignit à la troupe d'Arthur Créteur. Jean lui passa la bague au doigt quelques mois plus tard, à Lorris.

Mais le rideau tombait déjà sur le théâtre forain. Le cinéma parlant prenait des couleurs pour mieux racoler les foules. Le public s'entichait maintenant des stars de la pellicule et boudait les obscurs jocrisses ambulants. Nombre d'acteurs en renom désertaient la scène pour tenter leur chance sur le plateau des studios. L'avènement de la télévision ne fit que précipiter le déclin des troupes itinérantes. Désormais, les «étranges lucarnes» livraient le spectacle à domicile. Seuls quelques vieux campagnards s'entêtaient à privilégier la réalité à l'image cathodique. Il en fallait davantage pour sauver le théâtre forain de son inéluctable disparition.

Ne nous leurrons pas : c'est parce qu'elle était sûre de sa supériorité que la télévision vint enregistrer les Créteur-Cavalier dans leur baraque, à Binas, un soir d'hiver des années soixante. Comme pour se donner bonne conscience vis-à-vis de ceux qu'elle s'apprêtait à étouffer. Au moins cette émission eut-elle l'intérêt de prouver que les comédiens du voyage ne théâtralisaient pas comme des rabouins, mais qu'ils étaient d'incontestables artistes. Le compliment arrivait néanmoins trop tard.

Un heureux souvenir que ce tournage, malgré tout. Marie-Louise Rognon, la mère de Blanche, jouait encore en dépit de ses quatre-vingt-dix ans. Onze jours avant de succomber à une hémorragie pulmonaire, la brave matrone interprétait toujours la grand-mère dans «la Grâce de Dieu». Elle est quasiment morte sur les planches. Le rêve de tous les comédiens depuis Molière.

La troupe atteignit le bout du chemin en 1974. La rivalité du grand et du petit écran d'une part, la lourdeur des charges et des redevances de l'autre, tout contribua à sa faillite.

Ce fut un crève-cœur que de s'arrêter. Surtout pour Jean qui avait le théâtre dans l'âme, surtout pour Raymond qui avait le voyage dans le sang. Ce jour-là ils en ont pleuré, et ils en pleurent encore. Jean turbine actuellement en usine et Raymond s'est reconverti dans la marionnette ; mais ils n'évoquent le passé qu'en parlant au présent. La nostalgie qui les torture est une maladie incurable.

Ils auraient pu accomplir une carrière brillante, certainement. Le grand Pierre Brasseur voulait engager Jean après l'avoir vu dans «les Misérables». Arthur avait refusé. Il estimait qu'un gamin de quatorze ans ne devait pas s'éloigner de ses parents. Aujourd'hui, le vieux père n'est pas loin de regretter d'avoir trop aimé son fils. Une confession poignante. Un mélodrame comparable à ceux qui concouraient jadis au succès de la troupe. A la différence que maintenant, hélas ! on ne joue plus...

Baladins immobiles dont seuls les souvenirs vagabondent encore de mails en champs de foire, Arthur et Blanche vieillissent doucement dans un coin de la plaine, près d'Outarville. Pas à l'abri d'une maison de pierre, non : dans les caravanes qu'ils ont rangées sur le derrière d'une ferme. Une façon bien à eux de ne point abjurer, de perpétuer l'illusion. Blanche ne résisterait pas à l'ennui, emprisonnée entre quatre murs. «Nous avons toujours vécu ainsi, dit-elle. Ce n'est pas à notre âge qu'on change d'habitudes.» Le fermier leur prête gracieusement le terrain. C'est sa manière d'exprimer sa gratitude à ces artistes qui l'ont tant fait rire autrefois.

L'incroyable est que les ethnologues et les universitaires se passionnent depuis peu pour leur fabuleuse histoire. Une équipe vidéo — commanditée par les Arts et Traditions du Centre national de la recherche scientifique, s'il vous plaît ! — est même venue filmer leur «théâtre forain d'acteurs vivants» reconstitué pour un ultime rappel. C'était durant l'été 83. Christian Bidault, qui couvrait l'événement pour *«La République du Centre»*, écrivait en titre de son reportage : *«Etranglé par la télévision, le théâtre forain renaît une dernière fois devant les caméras qui l'ont tué.»*

De son côté, le maire d'Artenay, M. José Cardona,

envisage de créer dans sa commune le premier musée consacré à ces troupes oubliées, et cela en une propriété baptisée «le Paradis». Les enfants du Paradis, quel merveilleux calicot pour les dignes émules de Frédérick Lemaître ! Sous le projet perce déjà la fin du purgatoire...

La caravane, les décors, les costumes, les accoutrements clinquants et les parures de pacotille, tous les trésors des Créteur-Cavalier iront enrichir ce musée quand Arthur et Blanche auront tiré leur dernière révérence. Les archives vivantes se figeront alors dans un théâtre d'ombres. Mais moi, j'entendrai toujours Blanche me souffler en coulisse : «C'était un beau métier, n'est-ce pas ?»

Oui, Blanche, c'était un beau métier que le vôtre.

Rencontre du printemps 84.

RODOLPHE ZAVATTA, DIT «ROLPH», CIRQUASSIEN (80 ans).

Rodolphe est le frère du célèbre clown Achille Zavatta, qui possède son propre cirque, avec son nom et sa bille d'auguste étalés grand comme ça sur des affiches collées aux quatre coins de la France.

Rodolphe est l'aîné d'Achille, de dix ans. Lui ne possède pas de cirque ; le public — il le sait très bien — est plus attiré par son nom que par son prénom. Rien ne différencie son nez rouge de la truffe rubiconde d'un autre paillasse. Mais qu'importe ! Il a vécu des moments formidables et il a toujours fait ce que bon lui semblait, du mieux qu'il a pu. Aujourd'hui, assis dans la pénombre d'une fin de spectacle, il est serein. La célébrité, à quoi bon après tout ? Tant mieux pour les veinards qui ont la chance d'en profiter ; mais tout compte fait, cela n'a guère d'importance. Avoir bien rempli sa vie, jour après jour, voilà l'essentiel.

La légende des Zavatta, famille de la vieille noblesse vénitienne, naquit dès 1842 avec Antonio, l'arrière-grand-père de Rodolphe, un tailleur de Vérone. Le bonhomme, qui adorait jouer de la musique, avait créé un petit bastringue pour animer les bals des fêtes locales. Or un jour, un de ses amis s'amusa, en intermède, à quelques pitreries afin de permettre aux danseurs de reprendre haleine. Ce fut le succès immédiat, incontestable, à tel point que le maire du village dit à Antonio Zavatta : «La prochaine fois, tu prévoiras deux attractions comiques. — D'accord, répondit le tailleur, mais il faudra les payer car mon ami a dû faire la quête ! — Soit, la municipalité versera quelque chose !»

Alors Antonio installa son parquet de danse au beau milieu de la place centrale de la ville, où ses compagnons redonnèrent à danser puis à rire. Les applaudissements se déchaînèrent à nouveau. La partie était gagnée. Mais Antonio Zavatta voyait déjà plus loin. A l'heure de plier les instruments, il rassembla ses musiciens et leur proposa de partir ensemble en tournée dans les environs. On entourerait le parquet d'une barrière de piquets et de toile, on percevrait un peu de monnaie en droit d'entrée et l'on irait de village en village, des notes plein la tête et du soleil au cœur.

On partit donc. Mais on déchanta vite. Car ici et là, les villageois s'installaient confortablement sur leur balcon qui surplombait le parquet et ils s'esclaffaient aux bouffonneries en se tapant sur les cuisses sans débourser la moindre lire. Antonio se devait d'empêcher cette resquille qui désargentait dangereusement sa troupe. C'est alors qu'il pensa à couvrir le parquet d'une immense toile soutenue par un mât et des cordages : le premier chapiteau de cirque était planté ! La piste mesurait vingt-cinq mètres de diamètre et les gradins pouvaient accueillir huit cents spectateurs.

A la même époque, un banquiste d'Angleterre ou d'ailleurs créait peut-être, de son côté, une autre tente, mais pour se protéger de la pluie et non des regards, puisqu'aussi bien une innovation identique apparaît souvent en plusieurs endroits différents, simultanément, lorsqu'il s'agit de résoudre un problème commun, sans qu'on puisse pour autant en désigner un seul et unique inventeur.

C'étaient l'honneur et la droiture personnifiés que cet Antonio Zavatta. Impossible de le confondre aux romanichels, aux voleurs de poules, à ces nomades qui, derrière leur tente, entre deux représentations, rétamaient les chaudrons ou rempaillaient les chaises. L'ancêtre, lui, était un authentique maître de cirque, un véritable cirquassien, rien d'autre. On le jugeait au premier regard. A sa prestance, à son équipement impeccable, à la politesse de ses compagnons. Séjournait-il pendant quinze jours dans une ville que tous les notables l'invitaient à leur table ! Un superbe personnage, vraiment, digne de la légende des Zavatta. Et son petit-fils Demetrio, le père de Rodolphe, était bien de la même trempe.

Du côté maternel, on racontait également une histoire merveilleuse. La mère de Rodolphe était en effet la fille d'un noble qui, séduit par l'écuyère d'un cirque qui traversait ses terres, avait aussitôt abandonné titres et château pour suivre la belle. Il s'agissait — excusez du peu ! — du comte de Tommelleri, qui composera plus tard «La Garibaldienne», la Marche sur Rome.

Les parents du jeune aristo prirent fort mal cette escapade sentimentale. Les tourtereaux durent s'enfuir en Autriche pour s'épouser librement. Un vrai roman d'amour. Lorsqu'ils revinrent en Italie et qu'ils y firent valider leur mariage, sitôt la majorité atteinte, ils avaient déjà trois enfants !

Les enfants de la balle, parlons-en justement ! Nés au bord de la piste puis élevés à la dure, ils avaient tous le cirque dans le sang. Ils savaient sauter sur une batoude avant même d'avoir appris à marcher. Rodolphe n'était qu'un bout de chou de cinq ans qu'il montait déjà à cheval ; il débutera cependant comme contorsionniste, comme homme-serpent. On ne nourrissait personne à ne rien faire, pas même les gosses. Les parents Zavatta traitèrent Rodolphe en petit homme dès sa prime jeunesse, rarement en gamin. Ils lui attribuaient de terribles responsabilités pour son âge, notamment l'entretien des chevaux et des ânes, et gare à lui s'il ne se montrait pas digne de leur confiance !

Près de trois quarts de siècle plus tard, Rodolphe se souvient davantage des réprimandes de son père que des câlineries de sa mère. La tendresse parentale existait, bien entendu, mais elle ne dégénérait jamais en puérilité. C'était le milieu qui voulait ça, il n'y a rien à en regretter. Toujours est-il que la maman n'avait pas promis une gifle que la marque de ses cinq doigts rougissait déjà la joue du loupiot !

Pas de scolarité régulière, évidemment. Voici seulement une soixantaine d'années, la presque totalité des marmailles du chapiteau ne feuilletait jamais un abécédaire. Les cirquassiens, dans l'ensemble, étaient pratiquement illettrés. Rodolphe eut la chance inouïe d'assimiler l'alphabet et les quelques rudiments d'italien rapidement enseignés par sa mère, bien qu'en famille on ne s'exprimât qu'en dialecte vénitien. Il souffrait cruellement, néanmoins, de ne savoir ni lire ni écrire, comme les autres garnements avec qui il copinait au hasard des étapes. Parfois, à la sortie des classes, il chuchotait un étrange marché à l'oreille d'un écolier : «Tu me prêtes ton cahier du jour et en échange, je te ferai entrer sous le chapiteau en cachette de mon père !» L'offre était tellement tentante que l'écolier acquiesçait toujours. Rodolphe s'instruisait de la sorte, à la sauvette, tout seul dans un coin d'ombre du chapiteau. C'est certainement l'un de ses plus beaux exploits. Sans avoir fréquenté l'école, il parle cinq langues aujourd'hui, couramment !

Depuis lors, fort heureusement, les choses ont évolué. Ainsi le frère Achille engagea-t-il dans sa troupe, pour éduquer son fils, une préceptrice qui, entre les leçons, se changeait en caissière.

De temps immémorial, les petits cirques forains appartenaient principalement à des gitans macédoniens. Il s'agissait le plus souvent d'équipages miteux, avec des hommes mal rasés, des femmes en guenilles, des ribambelles de chiards morvasseux, avec une rosse qui s'usait à traîner la verdine, décharnée à faire pitié, avec une vieille bique prétendue savante et un singe rongé par la pelade.

A la moitié du dix-neuvième, Johann Friedrich Spiessert — dont le petit-fils Charles «Spessardy» deviendra directeur du fabuleux cirque Pinder en juillet 1928 — n'était encore qu'un montreur d'ours dans la pure tradition moyenâgeuse. Il baguenaudait de foire en foire au pas fatigué de sa rossinante fourbue, ses deux plantigrades des Karpates muselés et attachés au cul de sa guimbarde geignarde.

Demetrio Zavatta, le père de Rodolphe, n'avait rien, lui, d'un baladin de lendit. Jamais il n'aurait transigé sur l'apparat, jamais il n'aurait admis qu'un de ses faire-valoir apparaisse dans une tenue fripée ou défraîchie. C'est d'ailleurs son épouse qui confectionnait et qui tenait en état les costumes que Demetrio imaginait pour travestir sa compagnie. Rien de commun avec les minables qui promenaient leur loterie sans lots et qui n'attrapaient que les nigauds. Ceux-là décevaient les gens et, par conséquent, causaient bien du tort aux véritables forains...

Les cirques familiaux étaient alors nombreux et tous se livraient une sévère concurrence. On se connaissait d'une troupe à l'autre ; on se jalousait parfois ; au pire, on essayait d'attirer sous son chapiteau l'attraction qui assurait le succès d'un rival, mais sans pour autant user de méthodes malhonnêtes. En principe, on évitait de se pointer aussitôt derrière ceux qui proposaient un bon programme. On préférait patienter pendant plusieurs semaines plutôt que de s'exposer à une comparaison désavantageuse.

On se déplaçait par la route. Les chevaux de piste n'étaient attelés qu'aux voitures légères, aux calèches. Le gros du matériel chargé dans les fourgons, Demetrio recourait aux services des rouliers du voisinage.

La troupe Zavatta ne trimballait aucune roulotte. Demetrio n'en voulait point pour n'être pas apparenté à un quelconque bohémien. Entre nous, le brave homme n'en croirait pas ses yeux s'il revenait à présent : les guitaristes manouches de maintenant roulent sur l'or tandis que Monsieur Dupont ne rêve que de vacances en caravaning !

Pour son goût, Demetrio Zavatta avait décrété une fois pour toutes que sa troupe logerait chez l'habitant. La recherche de chambres ne posait guère de problèmes puisque les gens connaissaient sa réputation irréprochable. Toutefois, le jeune Rodolphe n'aimait pas dormir dans un lit de sédentaire. Sa couche idéale restait un râtelier de l'écurie. C'est là qu'il se plaisait, dans la paille, tout près des chevaux. Il lui fallait les claquements de la bâche affolée par un coup de vent, les grincements des mâts et des haubans, l'odeur et les ébrouements des bêtes. Garçon du cirque, de jour comme de nuit.

Le cirque de cette époque demeurait encore une

affaire de famille. On mangeait dans le même faitout, sous la toile, à la bonne franquette. «Ce n'était pas la richesse, dit Rodolphe, mais c'était pourtant le bon temps. On vivait en parfaite communion, parents et enfants. On n'était privé de rien, à bien réfléchir.» Par souci d'économie cependant, le père ne s'accordait aucun menu plaisir, ni cigarette, ni alcool.

Tout gosse, Rodolphe recevait un franc par semaine en récompense de l'aide qu'il apportait. La famille ne comptait alors que sept membres : le père, la mère et leurs cinq enfants (Michel, Louis, Rodolphe, Isoline et Eléonore). Demetrio recrutait trois ou quatre attractions afin de compléter le spectacle. Au début, il n'embauchait que des artistes italiens capables d'accomplir plusieurs exercices différents ; il les rétribuait à la représentation, sans autre contrat que la parole donnée. Cette participation extérieure diversifiait le programme qui, ainsi, ne se répétait pas deux soirées de suite. Les représentations s'agrémentaient également de pantomines, de saynètes muettes qui s'inspiraient de certaines patelineries des anciens saltimbanques. D'autres chapiteaux incluaient des séances de lanterne magique à leurs prestations : les Spiessert créèrent de cette manière le «Cinéma globe-trotter» en projetant des films Gaumont et Pathé.

Un cirque ne repassait pas dans un endroit sans attendre une couple d'années. Il s'arrêtait dans les sous-préfectures et dans les villes de moyenne importance, où il séjournait d'une semaine à un mois, selon l'accueil de la population.

Demetrio avertissait à l'avance les logeurs qu'il connaissait des fois précédentes ; puis il devançait sa troupe de quelques jours, se présentait aux autorités municipales et régularisait les formalités d'installation. Souvent, il s'arrangeait pour que la première représentation coïncide avec la date d'une kermesse. Ici, le droit de planter le chapiteau sur la place publique coûtait quatre ou cinq francs ; plus loin, un maire conciliant ne réclamait que quelques billets de faveur. Ensuite, Demetrio contactait les fermiers des alentours qui l'approvisionneraient en paille et en fourrage...

L'arrivée d'un cirque, aussi piètre fût-il, bouleversait

Entrez, mesdames ! Entrez, messieurs !
(Collection Muguette Rigaud).

immanquablement la monotonie d'une localité. Quel événement ! Quelle animation ! On accourait de partout, comme si le spectacle était déjà commencé.

Demetrio dessinait ses affichettes à la main, une à une. D'une écriture appliquée, il inscrivait le texte que Rodolphe lui dictait lettre par lettre (n'oublions pas qu'il parlait le français — mal, avec un accent vénitien épais à couper au couteau — mais qu'il ne savait pas l'écrire correctement). Le texte ne variait guère : *«Ce soir à 8 heures, le grand Cirque Zavatta, de passage dans votre ville, donnera une représentation avec des chevaux, des trapèzes, des acrobates et des clowns.»* Un billet d'entrée valait alors dans les vingt-cinq centimes.

Mais la véritable publicité se répandait déjà d'elle-même par les rues, de bouche à oreille, de boutique en terrasse de café, du lavoir au parvis de l'église. La meilleure réclame était divulguée par ceux qui avaient déjà assisté au spectacle, dans la ville d'avant. Ils claironnaient aussitôt autour d'eux : «Nous les avons vus, ils sont extraordinaires, époustouflants, des as vraiment, et patati et patata...»

Tout marchait alors comme sur des roulettes. Certaines familles assistaient à plusieurs représentations d'affilée, sans jamais se lasser des mêmes clowneries !

Des régions paraissaient plus chaleureuses que d'autres, bien sûr. On savait par habitude où l'on s'aventurait. Les gens du Nord étaient épatants, toujours prêts à ovationner chaque numéro, à rigoler à la moindre galipette, tandis que ceux du Midi se montraient plus exigeants ; en revanche, leur joie communicative encourageait les artistes à se surpasser. A l'inverse, les populations du Centre ne se départissaient jamais de leur vieille méfiance paysanne, comme ces éternels sourcilleux qui craignent d'être continuellement volés sur la marchandise. Et réservées avec ça ! Chacun observait son voisin à la dérobée avant d'esquisser un sourire...

D'abord, la troupe au complet procédait à un tour de ville, à pied, une heure ou deux avant l'ouverture du guichet. Chaque artiste jouait d'un instrument de musique (Rodolphe soufflait dans le tuba). On défilait en tenue de parade — uniforme chamarré à brandebourgs dorés et casquette crânement portée — et l'on marquait le pas au coin des rues, pour bien appâter le monde, pendant que Demetrio annonçait la représentation au porte-voix. On ne sortait les animaux que dans les grosses villes. Puis le cortège revenait tranquillement vers le chapiteau, drainant à sa suite une cohue bon enfant déjà prise de gaieté à la simple idée de se rendre au cirque.

La piste était éclairée au carbure. Rodolphe s'occupait des lanternes. Une tâche dangereuse. Une nuit, après le spectacle, un type qui fumait s'approcha de lui, pendant qu'il vidait un réservoir. Les gaz accumulés, en explosant, brûlèrent notre lampiste aux deux mains. Il s'en fallut de peu que l'incendie ne se propage à la toile !

Le spectacle offrait beaucoup d'attractions, beaucoup de disciplines. L'équilibre ne comportait pas moins de vingt variantes : sur les mains, sur des ballons, sur une chaise, sur une table... Le public se satisfaisait de tout, mais il se captivait davantage pour les évolutions aériennes. Les fil-de-féristes, les funambules, les trapézistes, les voltigeurs et les cascadeurs ne manquaient jamais de le faire frémir.

Le faisceau du projecteur s'accrochait sur l'acrobate, tout là-haut, tandis que les gradins, en bas, se figeaient craintivement dans le noir. Le tambour roulait crescendo, on ne respirait plus, on attendait. Les mains moites. Et puis soudain, le silence. Plus rien que l'acrobate, au faîte du chapiteau, pantin suspendu à son rayon de lumière, plongeant dans le vide ; et la barre rattrapée au vol, in extremis, sur un éclat de cymbale ; et le ouf du public, et le crépitement décalé des applaudissements. Le grand frisson. Le triomphe garanti. D'autant qu'on ne tendait pas de filet au début de ce siècle, sauf pour les trapézistes volants. Ce dispositif ne sera d'ailleurs obligatoire, plus tard, que pour protéger les spectateurs, non pour empêcher la chute mortelle d'un gymnaste comme on le suppose souvent !

Les clowns demeuraient des personnages à part. Ils permettaient de ponctuer le programme, de ménager une respiration au public entre deux prouesses à émotion. Le répertoire de Rodolphe, auguste de tradition, se composait de quelque deux cents sketches. La plupart étaient de son invention, les autres reprenaient des farces populaires que Rodolphe adaptait à sa convenance. Le don du clown est de concocter la cocasserie qui fera mouche. Ce sont quelquefois des trouvailles de hasard. Un geste involontaire, une répartie improvisée déchaînent les rires. Le clown note l'effet, l'améliore à la répétition, le caricature au besoin.

Le célèbre Grock en racontait une bien bonne à propos d'une de ses plus fameuses loufoqueries : c'est parce qu'il se voyait dans l'impossibilité de remuer son tabouret de pianiste, une des pattes venant de se coincer dans un interstice de la scène, qu'il dut se résoudre à tirer le piano vers lui sans penser à facétie. La situation burlesque qui en résulta, à son grand étonnement, devait pourtant contribuer à rehausser sa réputation mondiale de «Roi des clowns».

Il y avait enfin les animaux savants, sans lesquels un cirque n'est pas digne de cette appellation. Une écurie-ménagerie de toile se rangeait à proximité du chapiteau. Le frère aîné de Rodolphe, Michel, s'était spécialisé dans le dressage des ânes. En trois mois, il parvenait à ce qu'un bourricot d'entre les plus obstinés, la pire tête de mule qui soit, file sagement au doigt et à l'œil. Hormis sa modeste cavalerie, le cirque Zavatta comprenait des singes, des chiens et des oies, puis plus tard des autruches et des cochons. Demetrio monta également un numéro de chats. En revanche, il ne détint pas de grands fauves qui, outre un investissement considérable, nécessitaient une attention et des précautions sans défaillance, autant en soins qu'en sécurité. Demetrio prétendait d'ailleurs que les animaux féroces sentaient mauvais, surtout dans un cirque dont les faibles moyens n'autorisaient que des cages exiguës.

Selon Rodolphe, le dressage le plus délicat à réaliser reste celui des singes. En effet ces primates, qui peuvent tout faire, ne font jamais rien. Un chimpanzé vous réussira une magnifique culbute entre deux grimaces, sans qu'on le lui commande, mais il ne bougera plus à l'ordre. C'est la malice même que ces animaux-là.

Oh ! bien sûr, on a beaucoup dit et médit sur la triste condition des bêtes de cirque. On a parlé de cruautés, d'abominations. En vérité, à quelques rares exceptions près, elles n'étaient pourtant guère à plaindre. Un cirquassien prenait garde de bien les soigner car elles faisaient partie de son gagne-pain. Un dompteur n'exigeait pas plus d'un lion qu'un charretier ne demandait d'un percheron, et la mort d'un animal signifiait toujours un énorme préjudice : «Il est exact cependant qu'on devait sans cesse claquer le fouet, précise Rodolphe, parce qu'un animal sauvage est paresseux de nature.» Ça, tous les belluaires vous le confirmeront. Mais de là à maltraiter les bêtes par plaisir, non !

Le spectacle s'achevait obligatoirement par un charivari endiablé. C'était en quelque sorte la présentation des artistes et leur salut au public. Chacun effectuait un tour de piste à sa façon, qui une cabriole en flic-flac, qui un bond à la perche, qui une gigue sur des échasses. Cet au-revoir en pirouettes remerciait l'assistance de ses rires et de ses bravos.

«Le cirque est comme le crime, il ne paie pas !» Et Rodolphe d'ajouter qu'il faut parfois dix ans avant de réussir un numéro, quand on ne s'est pas esquinté avant, et qu'au bout du compte on n'est jamais vraiment content de soi. On ambitionne toujours de faire mieux, d'outrepasser ses limites. Pour cela, on fournit un effort musculaire épuisant, on suit un entraînement sans relâche. Autrefois, on répétait tous les jours dès les cinq heures du matin, et rien n'a dû changer sous les chapiteaux d'aujourd'hui. Ensuite on devait nettoyer les gradins, balayer la piste, vérifier l'installation, bichonner les bêtes, apprêter les costumes et fourbir les accessoires. Inutile de préciser qu'aucun cossard n'était toléré à se tourner les pouces pendant que les autres se tuaient au boulot !

On se produisait tous les jours en soirée (avec une matinée supplémentaire le dimanche), sauf le vendredi, jour de la Crucifixion. Car on ne plaisantait pas avec la superstition dans l'ancien cirque. Si par malheur Antonio apercevait un chat noir en train de traverser la piste, il annulait immédiatement la représentation. Il prétextait n'importe quoi, que la troupe ne se trouvait pas au mieux de sa forme ou que les trapézistes se tordaient de coliques en coulisses, et les gens repartaient, déçus. La caissière remboursait les billets de ceux qui ne pouvaient pas revenir le lendemain.

Demetrio surveillait pareillement les acrobates, les obligeant à se signer avant qu'ils ne se balancent sur leurs agrès.

C'est peut-être pour cela — qui sait ? — qu'on ne déplora aucune tragédie sous le chapiteau des Zavatta. Les drames étaient pourtant fréquents dans le métier. Une panthère en furie déchiquetait son dompteur, un acrobate s'écrasait au sol, un éléphant étouffait un cornac... Le spectacle continuait cependant, comme si de rien n'était. Les garçons de piste évacuaient le malheureux tandis que les clowns surgissaient en rigolant pour tenter de donner le change. C'est dans ces instants-là qu'on mesurait leur véritable talent : quand ils réussissaient à distraire le public alors que des larmes coulaient sous leur maquillage. Les gens, souvent, ne soupçonnaient rien de la gravité de l'incident.

Le séjour tirait à sa fin. Il fallait maintenant démonter le chapiteau et recharger les fourgons. Une besogne agréable l'été. Les badauds s'attardaient autour du cirque, interpellaient cordialement celui-ci ou celui-là qu'ils reconnaissaient, au besoin prêtaient volontiers la main. Mais l'hiver, dans le froid et la grisaille, on ne recevait l'aide d'aucun flâneur. Et l'on attrapait quelquefois un méchant mal à se démener en sueur dans le vent glacial.

Les froidures contraignaient la troupe à se rabattre sur ses quartiers d'hiver. En cette époque d'avant 14, le «Cirque Britannic» des Pinder remisait à Montauban ; le «Zoo Circus» des frères Court à Miramont-de-Guyenne ; Bouglione à Limoux ; les frères Amar — d'anciens montreurs d'animaux originaires d'Algérie — en Vienne près de Blois ; Jules et Victor Lamy à Romorantin. Et les Zavatta à Ivry. Tout le monde du cirque forain guettait les beaux jours pour repartir sur les chemins. On trompait le temps en courant le cachet dans les spectacles en salle.

A la veille de la Grande Guerre, les affaires déclinant, Demetrio Zavatta décida de s'expatrier vers la Tunisie, colonie française favorable aux émigrants italiens. On débarqua à Tunis. Peu après, en 1915 à La Goulette, naissait le petit dernier de la famille, le sixième enfant, celui qui deviendra l'illustre Achille Zavatta. Les grandes tournées nord-africaines commençaient.

Là-bas, le cirque dut remplacer ses flancs de toile par des palissades afin de contrer les resquilleurs qui, dans le bled, n'hésitaient pas à s'ouvrir une entrée au couteau pour assister au spectacle gratis. Exceptées ces tentatives de fraude, les populations arabes réagissaient vraiment en public idéal, enthousiaste et surtout très sensible au numéro de bourricots du frère aîné : «Pensez, explique Rodolphe, les ânes, ils ne connaissaient que ça puisqu'ils travaillaient tous avec. Ils mesuraient donc à juste raison ce que mon frangin parvenait à faire des siens !»

Les Zavatta revinrent en métropole, via Sète, en 1927. Ils fuyaient une Afrique du Nord anéantie par une sécheresse de sept ans. Les fellahs n'avaient plus d'argent, leurs troupeaux crevaient dans les oueds poussiéreux, les plantations se rabougrissaient sous le simoun. Le cirque eut bien du mal à sauver les derniers animaux de sa ménagerie : huit chevaux, quatre baudets et quelques chèvres alpines. L'aventure s'achevait. Peu après, Rolph et son frère Louis, alias Tonino, rejoignirent le «Zoo Circus» d'Alfred Court, l'un des cirques de France les plus importants entre les deux guerres.

A la même période, le «New Circus» de la dynastie Spiessert disposait d'un immense chapiteau de quatre mâts en ligne abritant cinq mille places. Son convoi s'étirait sur trois kilomètres et les Cosaques du Don, derrière le colonel Jaschenkoff, en constituaient l'attraction sensationnelle. Trois ans après, les Spiessert recruteront leurs têtes d'affiches parmi les champions cyclistes, les vedettes du ring, les idoles pâlissantes du music-hall et, pour finir, les animateurs de radio. Le cirque traditionnel, déjà, cherchait de nouvelles formules pour séduire les foules...

Rodolphe et Achille travaillaient au Cirque d'hiver de Paris quand leur père, âgé de soixante-seize ans, tomba gravement malade. Ce soir-là, juste au moment d'entrer en piste, sonnerie du téléphone. Demetrio Zavatta était mort. Rodolphe et Achille ravalèrent leur peine et s'élancèrent néanmoins à la rencontre de leur public ; ils interprétèrent leur sketch habituel dans lequel ils devaient rire aux larmes. Et ils rirent aux larmes, effectivement. Demetrio n'aurait pas souhaité recevoir un autre adieu de ses fils. Car pleurer de rire ou pleurer de chagrin, c'est toujours pleurer.

Ce fut longtemps fort compliqué, pour les gens du voyage, d'inhumer un des leurs comme le commun des mortels. Ces tracasseries d'un règne révolu ne furent réglées que par la générosité des Bouglione qui fondèrent un cimetière réservé aux cirquassiens. C'est là que reposent les parents de Rodolphe.

Mais ce dernier, tout en prenant son temps puisque rien ne presse, souhaiterait plutôt être enterré à Romorantin, dans la ville de Suzanne Aubin, qui fut sa partenaire sur la piste et son épouse dans la vie.

Aujourd'hui, Rodolphe se considère toujours comme un homme du cirque bien qu'il ait quelque peu abandonné sa tignasse orange et ses larges falzars à carreaux. Il sait jouer de quatorze instruments de musique. La liste de ses performances est longue : voltigeur sur un cheval non sellé lancé au galop, acrobate au tremplin, porteur au trapèze volant, créateur de l'hélice humaine... En juin 1931, il établit un record mondial en réussissant un saut périlleux long de huit mètres cinquante par-dessus trois automobiles ! Il flirta également avec le cinéma et la télévision, parfois acteur, parfois musicien, et il s'exhiba dans la plupart des pays d'Europe. Le Festival international du Clown lui décerna l'un de ses Trophées d'or.

A l'en croire, cinquante-quatre cirques, toutes catégories confondues, sillonnaient encore la France avant la guerre. Le travail ne manquait jamais. Un seul pépin contraria sa carrière : un accident de voltige en 1947. Un croche-pied du destin qui lui laissa pendant longtemps un douloureux souvenir dans le dos...

Rodolphe Zavatta se plaît à faire le pied de nez aux décennies qui se sont sournoisement accumulées depuis sa naissance. Soucieux de conserver une condition physique optimale, il s'astreint à une musculation quotidienne qui n'a rien de la gonflette. Athlète exceptionnel en dépit de ses quatre-vingts ans, il partage sa retraite entre la planche à voile et le parachutisme. Autant pour s'amuser que pour distraire les autres, il consent quelquefois à se mêler aux artistes d'un gala de Noël. Mais surtout, ne lui demandez pas de faire le gugusse à la fin d'un banquet pour dérider la galerie : il vous enverra gentiment sur les roses. «Le métier est une chose, vous rétorquera-t-il, la vie privée en est une autre !»

L'autre jour, une brave voisine a cru finaud de murmurer à l'oreille de son petit-fils, en le désignant du doigt : «Regarde bien, ce monsieur-là est un clown !»

Le garnement l'a reluqué en fronçant les sourcils puis il a haussé les épaules d'un air dédaigneux, et il a lâché : «C'est même pas vrai, il n'a pas le nez rouge !»

Ce gamin avait raison, bien évidemment. Quand il musarde hors de la piste aux étoiles, un clown n'est qu'un quidam ordinaire.

Rencontre de l'hiver 85-86.

Lu sous la plume du regretté Jacques Garnier, dans son livre *«Les histoires de cirque»* (auto-édition, Orléans 1978), ce témoignage de Lewis-James «Arthur» Pinder évoquant le départ du printemps 28 :

«Nos acrobates équestres étaient Louis et Rodolphe Zavatta, c'est-à-dire Tonino et Rolph. Ils ne possédaient pas de cheval ; nous leur avons mis en main Zézette, une bonne jument de jockey de nos écuries. Les frères Zavatta figuraient en écuyers sérieux, j'intervenais en auguste dans leur numéro durant lequel je faisais les traditionnels innombrables gilets ; nous terminions tous les trois par des sauts debout sur le cheval au galop. Tonino ouvrait le spectacle par une voltige.»

JEAN BROUST, DIT «MADELEINE», POSTICHEUR ET GRÂLEUR DE MARRONS FORAIN (67 ans).

Depuis huit cent trente-deux ans maintenant, les bonnes gens des bords de Loiret ont coutume, à chaque automne revenu, de s'ébaudir en célébrant la «foire aux châts» à l'invitation des citadins de Jargeau, grands goûteurs d'andouilles et de godiveaux comme chacun sait. Bien entendu, vous aurez compris que ladite fête ne doit rien aux matous. Les châts, en ces lieu et saison, désignent tout simplement les châtaignes. Le distinguo étant connu dans les environs, bien niais serait celui qui, ce matin-là, se rendrait à cette joyeuse assemblée avec l'idée d'en rapporter un mistigri !

Ainsi donc, si l'on en croit ce qui se colporte dans les alentours, les bourgeois de Jargeau honoreraient la châtaigne depuis le jour béni du 19 octobre 1154, date à laquelle ils reçurent en garde les cendres du bon saint Vrain. Lors, la tradition franchit les siècles à saute-générations, vingt fois délaissée et vingt fois reprise, afin de parvenir jusqu'à nous. Jadis étape obligée des charbonniers auvergnats en chemin vers la capitale (ce furent peut-être eux qui placèrent l'événement sous le signe de la châtaigne), la foire attirait encore, voici quelques décennies, un bon contingent de grâleurs de marrons. Et parmi ces marchands d'un autre âge à demi-effacés, déjà, dans la fumée bleue de leur fourneau, il y avait ce grand gaillard dégingandé de Jean

Broust, reconnaissable entre tous à sa face plus ridée qu'une pomme cuite, à sa barbiche de vieux mandarin chinetoque et à son éternelle gâpette de loup de mer délavée par les tempêtes des quatre océans. Une figure, ce type-là. Pas mauvais zigue, pour ça non, mais d'un modèle que l'on ne voit plus.

Bien qu'ayant vu le jour dans un quartier rupin de Paris où son père était électricien, Jean ne se sentit jamais une profonde nature de titi parigot. Il tenait davantage de ses grands-parents : breton d'un côté et solognot de l'autre. De son aïeul Armand, scieur ambulant — ou plutôt déambulant ! — entre Sauldre et Beuvron, il avait hérité cette bougeotte déraisonnable qui, tôt ou tard, le pousserait sur les routes. Souvent, il se revoyait marmot, auprès de ce formidable grand-père qu'il aidait de son mieux, rechargeant le foyer de la locomobile, tronçonnant les dosses, éparpillant les montagnes de sciure autour du chantier... Lui aussi serait un homme du voyage, c'était décidé. Quand on ne rêve que d'user ses brodequins sur tous les cailloux du chemin, il ne faut point chercher à devenir un ouvrier d'usine. Autant enfermer un passereau dans une cage...

L'occasion de reprendre l'errance du grand-père Armand se présenta à Jean en 48. Il venait de se marier et de s'installer à Orléans. Grâce à ce nouveau départ, il put choisir la direction qu'il désirait vraiment. Il s'engagea dans celle du commerce forain.

«J'ai commencé par écouler de la dure», dit-il. En argot de camelot, cela signifie : vendre des pierres à briquet, rien d'autre. Il appâtait alors le chaland par le postiche, par le boniment qui ne manquait pas de monter en épingle le petit rien que les articles de l'aboyeur voisin ne possédaient pas. Tantôt il s'agissait d'un zinzin en laiton totalement superflu, tantôt d'un bitoniot que personne n'aurait remarqué sans ça. Changer le futile en indispensable et créer l'impérieux besoin d'acheter le bidule inutile, là réside tout le talent du véritable charlatan.

«Tenez, mesdames et messieurs : voici un briquet de grande qualité que vous ne trouverez pas à moins de deux cents francs ailleurs, eh bien moi j'y joins un mètre de mèche en coton et puisque vous m'êtes d'un abord sympathique, je rajoute un deux trois quatre cinq tubes de pierres, et pendant qu'on y est j'offre par-dessus le marché une molette striée qui fera des étincelles, et comme je ne veux rien remporter ce soir, mesdames et messieurs, je fais cadeau d'un ressort de rechange dont vous me direz des nouvelles, toute la poignée est à vous, dites un prix, non madame pas quatre cents francs, non monsieur pas trois cents francs, pas même deux cents, non, j'en demande cent, une malheureuse petite pièce de cent francs, une misère, c'est sacrifié je le sais mais tant pis, ce qui est dit est dit, cent francs à ma droite, cent francs à ma gauche, dépêchez-vous les retardaires ne seront pas servis, cent francs, merci monsieur la poignée est à vous, c'est madame qui sera contente, vous venez de faire l'affaire de votre vie, à qui le tour ?» Le tout à déclamer d'une tirade, sans reprendre souffle évidemment.

Une pièce de cent francs ne constituait pas une grosse dépense à l'époque, de sorte que les briquets en alu — achetés contre des clopinettes à un bimbelotier de gros — s'arrachaient comme des petits pains. Jean en vendait une centaine de poignées à chaque fois. Dix mille francs dans sa poche en fin de journée, ce n'était pas si mal. Plus tard, quand le posticheur était connu sur la place, il pouvait abréger son baratin et économiser sa salive sans craindre une chute de recettes. Les gens lui accordaient volontiers leur confiance.

La clientèle, essentiellement populaire, se montrait assidue et fidèle. Elle prenait réflexion avant d'accepter un nouveau camelot ; elle le toisait d'abord à trois pas, du coin de l'œil, comme flairant une vague entourloupette, puis, mise en confiance, elle s'approchait lentement, écoutait son blablabla, s'en amusait parfois, portait enfin la main au porte-monnaie. D'aucuns lui adressaient même une œillade de connivence en guise de compliment. C'était partie gagnée. Le camelot pouvait s'estimer admis. «Il s'agissait de gens simples pour la plupart, se souvient Jean Broust. On n'attirait ni les dames à chichis ni les jules à épate : ceux-là préféraient dépenser leur pognon dans les boutiques aux enseignes clinquantes de la ville. Le commerce du pavé n'intéressait évidemment que le citoyen de la rue !»

A cette période, Jean et sa jeune femme ne disposaient que d'une «roulante», une sorte de charrette pliante à deux roues et brancards sur laquelle ils entassaient leurs valises en carton remplies de pacotille. Ils se trimbalaient dans cet équipage à travers la France entière, du nord au midi, par le train ou par l'autocar, leur voiturette et leur éventaire enregistrés pêle-mêle avec les bagages des autres passagers. Ils logeaient à l'hôtel. On trouvait encore à se coucher pour dix francs la nuit dans les années cinquante. Ils ne mangeaient pas au restaurant, cela va de soi : ils se contentaient d'un casse-croûte avalé en vitesse sur un banc public. Ce n'était certes pas la vie de palace mais c'était celle que Jean aimait mener.

Le boulot était plus difficile qu'il n'y paraissait cependant. D'abord il convenait de savoir plaire aux badauds figés par la méfiance, lâcher à propos la blague qui arrachait un sourire aux pires constipés, bien vanter la camelote, émerveiller les gosses aux yeux écarquillés pour mieux attirer les parents. Tout un art. Ensuite il fallait affronter la concurrence sans pour autant se la mettre à dos. Enfin être présent, quel que soit le climat, qu'il gèle ou qu'il vente. Parfois on finissait juste de déballer son fourbi qu'une averse d'orage venait tout noyer, marchands et marchandises. Si la pluie persistait, la foule se dispersait pour ne plus reparaître. Alors on repliait son bazar de quatre sous et, les nippes trempées, on poursuivait cette garce de fortune sous d'autres cieux : la journée était gâchée.

Jean repéra très vite les coins à chouchouter. Au fil des passages, il apprit à connaître les assemblées de bon rapport, les fêtes foraines à forte fréquentation, les comices agricoles importants. Il ne se pointait jamais sur une foire sans peser auparavant le pour et le contre. Mais nul n'est infaillible et il lui arriva de se gourer plusieurs fois. Sa plus cuisante déconvenue fut ce malheureux dimanche où il s'installa à Decize, dans la Nièvre, avec son parapluie bourré de cacahuètes. Ah, sapristi ! il ne réussit à en refiler qu'un paquet, un seul, de toute la journée. Là bas, les gens ne réclamaient que des marrons qu'ils grignotaient en trinquant à la bernache. Impossible de les affrioler avec autre chose. Dans les bistrots, on s'enfonçait dans les

Qui n'a pas son cornet ? (Collection Muguette Rigaud).

épluchures jusqu'aux genoux !... En d'autres villes, l'avantage revenait aux gaufres, aux cochons en pain d'épice, au nougat, aux pralines ou aux moules. Et en certaines régions, rien ne marchait : vous aviez beau vous démener des pieds et des mains, peau de zébi !

Jean se convertit lui aussi au marron grillé, plus tard, quand le bon vieux briquet à essence dut céder la mode au briquet à gaz, jetable et proposé dans tous les bureaux de tabac. Il fallait s'adapter et ne pas s'obstiner à vendre des rossignols. Mais le marron ne permettait qu'une activité saisonnière, du début novembre à la fin janvier. Jean se lança donc simultanément dans la madeleine — qui lui valut son surnom — puis dans la tablette de chocolat et le bonbon. Il écoulait tout cela à la poignée. Le petit succès garanti.

Alors qu'il bonimentait sur un trottoir, Jean fut remarqué par le directeur d'un *Félix Potin* que l'efficacité d'un tel bagout laissait comme deux ronds de flan. Aussitôt, il l'engagea, contre une guelte appréciable, à faire une démonstration de son talent devant le rayon confiserie du magasin. Il commanda un camion de friandises à une chocolaterie locale, stock que notre ami se fit fort de liquider en moins de deux jours. Ce qui advint, bien sûr. «Après cet exploit, ricane Jean, j'aurais pu décrocher une embauche en or, avec sécurité de situation, congés payés et je ne sais quoi. Mais non, il me démangeait déjà de partir plus loin. La bougeotte, toujours. Que voulez-vous, on ne se refait pas !»

Il souda son fourneau à charbon, la «casse», dans des plaques de tôle qu'il récupéra çà et là, puis il s'approvisionna en châtaignes auprès d'un grossiste qui les lui cédait par sacs de dix kilos. Auprès d'un grossiste, eh oui ! Car dans nos campagnes, même au fin fond de l'écart le plus reculé, le dernier des attardés ne prenait seulement pas la peine d'en gauler un panier. Les châtaignes, dans la contrée, ne méritaient plus qu'on se pique à leurs bogues. Quelques-uns en ramassaient une poêlée, histoire de se distraire en famille pendant la veillée, mais personne n'en tirait un négoce comme jadis. Encore une tradition d'autrefois qui s'était perdue...

En revanche, s'il ne constituait plus le providentiel

matefaim de l'alimentation paysanne, le marron continuait à bien se vendre sur les fêtes d'automne.Les gens en achetaient volontiers une poignée au moment d'aller goûter le vin nouveau au café. Sur une bonne foire, Jean était assuré de vider ses trois sacs. Respectueux de la coutume, il présentait chaque portion dans un cornet en papier journal.

«Ça ne demandait pas un grand savoir-faire, explique-t-il. N'importe quel couillon pouvait devenir un excellent marchand de marrons. J'incisais l'écorce de la pointe du couteau pour éviter que la châtaigne n'éclate en grillant. Il n'en pétait guère plus de deux ou trois par bassinée, qui me poudraient la hure d'une giclée de farine et provoquaient les railleries de l'assistance. Je remuais la fournée avec une spatule de bois avant qu'un coup de feu ne la fasse trop charbonner. Une châtaigne est cuite à point lorsque sa cosse se craquelle et s'écaille à l'ongle.»

Jean Broust s'essaya également à la laine ; il troqua alors sa roulante contre un «lentier», un étal démontable composé de tréteaux et de caisses fermant à clé. Enfin, vers 1960, il investit dans un camion. Tout en grâlant ses marrons durant la morte saison, il se spécialisa dans les beignets, les gaufres, les glaces ou les frites, selon le calendrier. Finis les hôtels de hasard : toute la famille dormait désormais dans la caravane.

«Les gens ne nous confondaient pas avec les manouches pour cela, dit Jean. Sur la route on rencontre trois catégories de voyageurs : les trimardeurs, les romanichels et les marchands ambulants, qui se croisent mais ne se ressemblent pas. Pourtant nos gamins, pareils aux marmailles des bohémiens, étaient souvent livrés à eux-mêmes. Pardi ! on ne pouvait pas les surveiller et servir le client en même temps. Mais il faut croire que cette existence ne leur a pas déplu puisqu'ils ont repris le flambeau derrière nous !»

A écouter Jean, il faut bougrement du courage, de nos jours, pour jouer la carte du commerçant forain. D'abord parce que l'on demeure tributaire des caprices du bon Dieu qui, de là-haut, fait la pluie et le beau temps ici-bas ; ensuite parce que les emplacements ne courent plus les rues. Beaucoup de péquins se changent en marchands de frites, du jour au lendemain, en pensant que les alouettes vont leur tomber toutes rôties dans le bec ; et aux premières froidures, pfut ! plus personne. Actuellement, la dégradation de l'emploi n'éveille que des velléités sans lendemain qui encombrent le marché forain. N'empêche, cette concurrence sauvage cause bien du tort à ceux qui en font leur véritable métier ! Toutefois, et c'est réconfortant, les gens ont tôt fait leur opinion. Ne s'improvise pas marchand ambulant qui veut...

Jean Broust, quant à lui, acheva sa randonnée en vendant des jouets sur les plages de Bretagne, au pays de son grand-père. C'était il y a cinq ans.

Pierre qui roule n'amasse peut-être pas mousse, c'est vrai, mais qu'importe : l'essentiel, au bout de l'aventure, est que le chemin parcouru soit jalonné de merveilleux souvenirs et qu'il ne soit laissé aucun regret à la traîne. Notre ancien grâleur de marrons ne saurait professer d'autre philosophie.

Rencontre de l'automne 86.

Dans un article consacré à son coin d'Orléans d'avant 14 (*«La République du Centre»* du samedi 3 août 1985), René Berthelot brossait le portrait du marchand de marrons qui goualait dans la rue Sainte-Catherine. Nous nous permettons de lui emprunter ce paragraphe afin d'enrichir cet ouvrage d'un précieux témoignage :

«C'était un fort gaillard, moustachu, au chapeau cabossé, dont la silhouette rappelait un peu celle de Bruant par Toulouse-Lautrec. Près de lui, un petit âne aux pattes velues pianotait sur le pavé, attelé à une charrette où fumait un gros fourneau noir. De temps en temps, le marchand secouait, retournait ses marrons, comme fait un vanneur de blé. Mais, pour autant, sa voix ne chômait pas : une ample voix de baryton, au timbre «cuivré», une voix inaltérable, inusable, garantie pour l'usage en plein air ! J'ai bien souvent pensé que de tels dons vocaux auraient pu lui ouvrir une carrière de chanteur. N'oublions pas que Caruso était un ancien cocher, et que Noté, l'un des plus célèbres barytons de la Belle Epoque, avait été ouvrier peintre. Mais, comme dit la chanson, «puisque les Dieux n'ont pas voulu», le père «Ça brûle» ne fit qu'un marchand de marrons !

«D'aucuns l'appelaient l'«Auvergnat», à cause, sans doute, de son chapeau, ou peut-être parce que l'Auvergne est le pays des châtaignes. Mais nous, les enfants, nous l'appelions le père «Ça brûle» à cause de sa chanson. Inconnue de tous les recueils folkloriques où je l'ai cherchée, cette chanson, mélodiquement assez belle, était un typique exemple de style semi-populaire, à mi-chemin entre la vraie chanson traditionnelle et les «vaudevilles» du XIXe siècle : un compromis de Pierre Dupont, de Nadaud, de Botrel. La chanson du père «Ça brûle», des centaines d'Orléanais la connaissaient par cœur. Mais hélas, ces centaines ne sont plus aujourd'hui qu'une poignée. La voici, je ne dis pas préservée de l'oubli, où s'en vont toutes choses, mais du moins en sursis de disparition, et elle le mérite bien :*

Les p'tits marrons du pays,
Ils sont bien chauds et bien cuits,
Tout chauds les marrons,
Marrons chauds,

---

* Avant de désigner des pièces de théâtre genre Feydeau, les «vaudevilles» étaient des chansons connues qui se chantaient dans les villes, comme l'explique l'étymologie «voix de ville» dont «vaudeville» est une corruption.

Tout chauds, tout chauds !
Ça brûle, ça brûle !
Voilà pourquoi je vous les vends
Les marrons d'Orléans !

«Puis c'était l'éclatante péroraison, le final irrésistible, lancé à plein gosier :

Marrons rôtis,
Marrons tout chauds ;
J'en ai des p'tits,
J'en ai des gros !

«Rue Sainte-Catherine, c'est à la tombée du jour que passait le marchand de marrons. Le petit âne s'immobilisait, joignant sagement les sabots. Et nos mains se tendaient pour recevoir les cornets brûlants, confectionnés avec du papier de journal. Puis, chacun étant servi, notre homme ranimait son âne d'un «Aïe !» amical que j'entends encore. Le petit pas dansant se remettait en route et l'équipage s'éloignait, disparaissait au tournant de la rue. Mais la chanson, à la cantonade, s'entendait encore longtemps avant de se perdre dans la nuit.»

Salut, Mimile !

«Le père «Ça brûle» se nommait Emile Alleaume. A la saison, avec son attelage, tous les soirs, il stationnait dans le haut de la rue Charles-Sanglier, face à la quincaillerie Croissandeau. Sur la place du Martroi, à proximité, se trouvaient trois cafés importants, donc de quoi faire descendre les marrons grillés. J'ai connu des jeunes filles modestes qui, le soir, se contentaient comme repas d'un cornet de marrons à vingt sous.

«Mimile Alleaume habitait vers Saint-Jean-de-la-Ruelle, où il élevait quelques cochons. En 1930, étant cuisinier à la Grande Rotonde, je le voyais régulièrement venir, vers neuf heures, chercher les tinettes d'eaux gras-

ses pour sa porcherie. Je lui versais tout aussi régulièrement un coup de vin rouge dans un bol légumier.

«En 1946, j'ai revu Mimile à la salle des ventes du boulevard. Il venait d'acheter un lot d'outils dans lequel j'avais remarqué un râteau de cour à long manche. Je lui demandai de me le revendre. Il me l'a offert et n'a pas voulu que je le lui paye. Chaque fois que je me sers de cet instrument, j'ai une pensée pour Mimile Alleaume. S'il y a un paradis pour les braves gens, il doit y occuper une bonne place !» (Lettre de M. Louis Tranchant, de Fleury-les-Aubrais).

À la pogne de biche.

Il existait également, autrefois, une forme de postiche qui tenait tout à la fois de la tombola et de l'arnaque. Le camelot proposait une bassinée de tickets roulés dont il savait reconnaître les rares gagnants d'un simple regard. De temps en temps, afin d'allécher le pigeon, il tirait un bon numéro devant les gobe-mouches médusés. C'était parfois un compère caché dans la foule qui jouait le rôle de l'heureux veinard. «A tous les coups l'on gagne !» claironnait l'aigrefin. Il n'en fallait pas davantage pour que chaque gogo espère aussitôt décrocher l'un des gros lots qui ornaient la devanture. Mais pour le prix d'un simple petit ticket, personne n'obtint jamais un brin de chance, bien évidemment !

Cet attrape-nigaud, dit «la pogne de biche», a totalement disparu au profit des véritables loteries foraines. Toutefois, l'expression s'emploie toujours sur les marchés pour désigner une escroquerie manifeste.

«A cette époque, nous assurait M. Pascal Lenzi, les posticheurs remplissaient chacun une lessiveuse de biffetons dans leur journée.» Il y avait les casseurs d'assiettes, les marchands de couteaux, de drap, de corde, de chansons, de marjolaine, toute une faune pittoresque qui transformait une foire ordinaire en un formidable spectacle.

AUGUSTE VIOT, SÉMAPHORISTE AU P.N. 100
(85 ans).

Le poseur de rails Auguste Viot n'avait que la trentaine quand le médecin demanda qu'il soit nommé à un «poste léger» pour raison de santé. Auguste Viot devint donc sémaphoriste à Cloyes après avoir suivi un semblant d'apprentissage au P.N. 97 près de Châteaudun. Car on ne s'improvisait pas sémaphoriste du jour au lendemain. Cela exigeait une formation. Rapide certes, mais indispensable.

Le sémaphore désignait le grand pylône métallique de sept à onze mètres de haut qui surplombait certaines maisonnettes du chemin de fer. Muni à son sommet de bras mobiles, un aileron et une aile par voie à contrôler, il indiquait l'ouverture et la fermeture au trafic, réglant ainsi la bonne distance entre les trains. L'aileron signalait le convoi qui approchait ; l'aile couvrait celui qui s'éloignait. Les sémaphores jalonnaient les lignes à intervalles de six kilomètres environ. Aujourd'hui, la S.N.C.F. les a remplacés par des signaux lumineux.

Le fonctionnement était simple comme bonjour mais il nécessitait une surveillance permanente. L'aileron se relevait automatiquement lorsqu'un train était annoncé par la gare précédente. Dès que ce train avait dépassé le poste, le sémaphoriste actionnait une manivelle qui rabattait l'aileron et déployait l'aile pour indiquer l'encombrement de la voie. En même temps il commandait, par levier à câble, le «mât vert» planté à un kilomètre plus avant, dont le damier pivotait en position de ralentissement. Puis il attendait la sonnerie déclenchée depuis le sémaphore suivant pour rabaisser l'aile et rendre la voie libre. Le soir, il allumait la lanterne à pétrole qui éclairait les bras du signal ; il hissait ou descendait cette lampe à l'aide d'une chaînette.

Malgré son apparence élémentaire, tant en installation qu'en manœuvre, le dispositif subissait de fréquents dérangements. La panne ordinaire se produisait les jours d'orage, quand la foudre court-circuitait le système électrique qui reliait le pylône aux gares. On se renseignait alors par dépêche téléphonique. La gare avertissait que tel train s'engagerait sur tel canton à telle heure. Le convoi s'arrêtait au sémaphore et Auguste délivrait un bulletin de passage au conducteur, puis il téléphonait à la gare suivante pour lui annoncer l'arrivée imminente du train. Ces jours-là, on devait tout noter sur le carnet de mouvement.

Ces dérèglements embêtaient le monde, le sémaphoriste bien entendu mais aussi le personnel roulant et les électriciens chargés des réparations. Une panne causait des retards et des perturbations inutiles. Alors certains sémaphoristes s'arrangeaient avec les électriciens qui leur refilaient, discrètement, quelques plombs en réserve dûment estampillés. De la sorte changeaient-ils eux-mêmes les fusibles immédiatement. Cette petite fraude évitait tout désagrément inutile. C'était une entorse au règlement, évidemment, mais quoi ! la régularité de la circulation ferroviaire en dépendait. Il ne fallait pas se faire pincer, voilà tout, parce qu'on encourait un blâme, peut-être même un renvoi...

Auguste tenait le sémaphore la nuit, sa femme en journée. Ils gardaient également le passage à niveau attenant. Ils se relayaient à sept heures du matin et à sept heures du soir. En somme, ils passèrent leur vie à se croiser. «Ce qui ne nous empêcha pourtant pas de faire nos onze enfants» ! ajoute Mme Viot en plaisantant. Un seul jour de repos par semaine, à prendre à leur convenance. Un gars de l'équipe de la voie assurait le remplacement.

C'était un métier où l'on gagnait peu, guère plus qu'à

Gare au signal ! (Collection Muguette Rigaud).

la pose des rails, un métier où l'on déménageait souvent, mais qui ne réclamait pas de gestes pénibles. Un métier de couple. En revanche, il ne s'agissait pas d'avoir la tête ailleurs le jour ni de s'assoupir la nuit, quand on était de faction. De la responsabilité, ça oui, on en récoltait sa part ! En compensation on profitait de quelques avantages. Le logement de fonction bien sûr, et le charbon de chauffage fourni par la compagnie, et le jardinet contigu à la maisonnette. Tout ça finissait par compter dans un budget étriqué, mine de rien.

Et puis c'était une occupation plaisante avec tous les conducteurs de locomotives qui défilaient sur la ligne. On les connaissait presque tous. Au premier regard on devinait s'ils formaient un bon équipage, uniquement en observant la manière dont ils se tenaient sur leur machine. Ceux-là ne s'entendent guère, disait-on quand on les voyait s'activer cul à cul sans s'adresser un mot. Mais la plupart s'accordaient comme larrons en foire, fort heureusement. Ils saluaient le sémaphoriste de la main, au passage, et quand le train devait s'arrêter par temps chaud, Auguste ne manquait jamais de leur offrir un verre de vin frais.

Des pépins, les époux Viot en eurent comme tous les ménages de sémaphoristes. Ni plus ni moins. Rien d'assez grave pour entraîner de sérieuses conséquences, des broutilles qui ne méritent même pas d'être racontées. Et pourtant, c'est à l'un de ces incidents qu'Auguste doit d'être encore vivant, lui et les siens. Ce qui prouve qu'une faute ne porte pas forcément tort à celui qui la commet...

L'événement remonte à 1936. Les Viot gardaient alors le sémaphore de Maillé, dans l'Indre-et-Loire. Un avant-midi, Auguste fut tellement absorbé par ses travaux de jardinage qu'il en oublia de tourner le damier du mât vert. Résultat : un train dut stopper sans motif réel et accuser un méchant retard. Auguste eut grand-peine à expliquer la raison de cette anicroche. Puis tout alla de mal en pis. L'équipe de la voie le battit froid et l'inspecteur du canton se promit de le coincer au moindre manquement. Cette situation ne pouvait pas durer longtemps. Auguste postula donc un changement de P.N. ; il quitta le sémaphore de Maillé au début de la guerre, en 40. Il ne se doutait pas, en s'installant au passage à niveau de Lestiou, que le destin venait de le gracier d'une mort atroce.

Quatre ans plus tard en effet, le 25 août 1944, une colonne de la sinistre division *Das Reich* massacrait cent vingt-quatre habitants de Maillé par mesure de représailles, dont quarante-deux femmes et quarante-quatre enfants*. Parmi les victimes se trouvaient son successeur, l'épouse de celui-ci et leurs sept gosses.

On découvrit leurs corps affreusement mutilés au fond de la cave, sous la maisonnette du passage à niveau.

Rencontre de l'été 84.

---

* Relire notre ouvrage «*Ils ont vécu l'occupation*» (Jean-Cyrille Godefroy éditeur).

LOUISE PESCHETEAU, GARDE-BARRIÈRE AU P.N. 118, LIEU-DIT «LES MARMOGNES» (81 ans).

Louise Viot, née Pescheteau, gardait le passage à niveau qui se trouvait près du sémaphore tenu par son mari Auguste. Elle avait commencé à Cloyes où son service quotidien débutait le matin à six heures et s'achevait le soir à dix-huit. Un veilleur la remplaçait la nuit puisque son homme travaillait encore sur le canton comme poseur de rails, à cette époque-là.

Plus tard, quand Auguste Viot fut retiré de la voie, le couple se partagea la tâche en combinant la surveillance du sémaphore et celle du passage à niveau. Louise prenait le service de jour et Auguste celui de nuit. Chaque semaine, ils choisissaient un jour de repos tandis qu'un cheminot était désigné pour les suppléer au pied levé.

On distinguait alors deux catégories de passages à niveau. Ceux de première importance demeuraient toujours fermés car il y avait autant d'affluence sur la voie ferrée que sur la route qui la coupait ; on n'en ouvrait les barrières qu'à l'arrivée des charrettes ou des automobiles. A l'inverse, ceux de seconde classe restaient continuellement ouverts ; on ne les fermait qu'à l'annonce des trains.

Là encore il s'agissait d'un travail à lourde responsabilité qui n'admettait aucune absence, aucun moment d'inattention. Louise s'occupait d'un poste de deuxième ordre à barrières pivotantes, donc dépourvu d'un dispositif de levage. La fermeture se faisait à la main, à l'aide d'une clef. La sonnerie de la maisonnette retentissait lorsqu'un convoi roulait sur la pédale du rail placée à deux kilomètres de l'endroit. Cela laissait trois minutes environ pour évacuer les voies. Louise courait d'un côté à l'autre, interrompait la circulation et verrouillait les barrières ; puis elle poussait la manette du mât avancé dont le damier rouge, à quinze cents mètres plus haut, indiquait au conducteur que le passage était couvert.

Louise devait connaître les horaires des trains habituels mais cela ne suffisait pas. En effet, elle recevait parfois des locomotives haut-le-pied et des rames non prévues. Elle regardait toujours le wagon de queue : un convoi supplémentaire ne tarderait pas s'il portait un drapeau rouge alors qu'un fanion vert signalait un train facultatif.

Une fois, entre chien et loup, un convoi inattendu surgit à toute vapeur au moment où un autocar franchissait le passage à niveau. Louise comprit avec horreur qu'elle avait confondu la lanterne de la motrice avec un signal lumineux. La catastrophe. Elle se précipita pour fermer la barrière derrière l'autocar qui, d'extrême justesse, réussit à s'écarter de la seconde voie quand le train fonçait sur l'autre. Il était moins une que la méprise ne provoque un épouvantable accident. Louise en eut quelques cheveux blancs de plus, croyez-moi, et le chauffeur de l'autocar aussi, qui la crut écrabouillée !

Auguste, quant à lui, se laissa surprendre par un supplémentaire qui croisa un régulier à la hauteur du passage à niveau. On ne répètera jamais assez qu'un train peut en cacher un autre, selon l'avertissement consacré. Il ne put que se ruer sur la barrière au dernier instant, ouf !

Des incidents de la sorte, Louise n'en eut pas d'autres heureusement, et son Auguste non plus. Un jour d'été pourtant, on frôla l'irréparable. C'était une faucheuse-lieuse qui, ce coup-ci, avait bloqué une de ses roues dans un contre-rail. La garde-barrière était répréhensible car elle devait exiger que tous les engins agricoles soient montés sur chariot avant de franchir les voies. Par bonheur, on eut le temps de décoincer la roue sans stopper le trafic. Mais les Viot s'en tirèrent encore contre une sacrée frousse.

Des barrières à ne pas sauter (Collection Muguette Rigaud).

Hélas, un de leurs intérimaires eut moins de chance avec le père Armand, cet entêté qui avait la sale manie de passer par le portillon après qu'on eût interdit les accès. Auguste l'avait pourtant rabroué cent fois et plus : «C'est pas réglementaire ce que tu fais, Armand !» Mais je t'en fiche ! l'autre s'en moquait comme de colin-tampon. «Allons donc, qu'il répondait, j'ai l'habitude !» N'empêche qu'un malheureux jour, il paya chèrement ses imprudences.

Il s'engageait avec son cheval, insouciant comme toujours, quand le remplaçant lui cria de s'arrêter, rapport au «Train blanc» qui était annoncé. Mais c'était déjà trop tard. Le père Armand essaya de tourner bride. En vain. Son cheval, sans doute pris de panique, refusa de bouger. La loco heurta le canasson de travers et l'envoya valdinguer par-dessus la haie. Le père Armand, qui avait eu l'ultime réflexe de se reculer, retrouva sa pauvre bête vingt mètres plus loin, une patte arrachée de la hanche. Un carnage effroyable !

On ne plaisantait pas avec le «Train blanc», le prestige du rail d'alors, dont la voiture-restaurant suscitait l'admiration des foules. Il y eut procès et le père Armand, reconnu coupable, dut casquer la part du train. Aucune faute ne fut imputée au remplaçant, comme de raison.

«Oh, çà ! certaines personnes se plaisaient à tenter le diable !» C'est Auguste qui parle. Pour dire que certains automobilistes impatients ne se souciaient guère du danger. Ils voulaient passer à toutes fins et ils n'hésitaient pas à rouler sur les talons de la garde-barrière quand celle-ci ne se magnait pas assez à leur goût. De véritables salopards, vraiment, qui n'entendaient rien et qui ne vous accordaient même pas une minute pour pisser. Souvent il fallait se fâcher et menacer les irréductibles en brandissant un gourdin. D'aucuns serraient les barrières de si près qu'on ne parvenait plus à libérer le passage sans leur ordonner de faire marcher arrière !

Et ils klaxonnaient, et ils braillaient, en pleine journée comme en pleine nuit ! Ah ! on ne risquait pas de roupiller avec le tintamarre que menaient certains chauffards ! On souffrait certainement davantage du boucan des bagnoles que du bruit des trains auquel on s'était accoutumé, à la longue. Ça ne réveillait même plus les gosses, le bruit des trains. Quelquefois on écoutait et, uniquement à l'oreille, on devinait s'il s'agissait d'un express ou d'un omnibus, d'un voyageurs ou d'un marchandises...

Le seul inconvénient du métier, pour les enfants, était qu'on ne sauvait guère de chats dans les parages d'un passage à niveau. Louise en élevait toujours une tripotée car plus elle en avait, plus on lui en écrasait. Un jour, elle en perdit cinq d'un coup sous un rapide, au grand chagrin de ses loupiots.

«C'était peu payé pour le mal qu'on se donnait, estime Louise, mais on ne se plaignait pas trop parce qu'on était logé.» Et puis, après la guerre, l'ouvrage fut simplifié avec l'installation systématique des barrières montantes et des treuils de levage. On n'eut plus à courir d'une porte à l'autre ; on se contenta d'actionner une manivelle en demeurant à l'abri de la guérite.

Les choses se sont encore améliorées depuis. La plupart des passages à niveau fonctionnent maintenant automatiquement, sans la moindre surveillance. Mais cela ne réduit pas le nombre des accidents pour autant. Car les gens, eux, ne sont pas devenus plus raisonnables. Ils passent d'abord, ils regardent ensuite.

Pour preuve, hélas ! cet article découpé dans *«La République du Centre»* du vendredi 16 août 1985 : *«Les passages à niveau automatiques ont déjà fait de nombreuses victimes et la fatalité est le plus souvent à l'origine de ces accidents. Malheureusement, il arrive aussi que des usagers de la route fassent preuve d'imprudence ou de témérité, sans avoir bien conscience des risques courus... qui sont considérables puisque vingt-quatre secondes seulement séparent l'abaissement des barrières et la mise au feu rouge du passage d'un train.*

«Pour autant qu'on puisse l'affirmer d'après l'enquête, il semble bien qu'une imprudence soit à l'origine du terrible accident qui s'est produit mercredi vers 20h20 au passage à niveau 39 de la commune de Vieuvicq sur la ligne S.N.C.F. de Chartres à Courtalain, qui franchit à cet endroit la route de Frazé.»

Une automobile, qui s'était engagée entre les semibarrières automatiques alors que survenait un autorail lancé à 90 km/heure, fut traînée sur deux-cent-trente mètres avant l'arrêt total du convoi. Le conducteur du véhicule, bien que grièvement blessé, échappa miraculeusement à la mort mais sa passagère périt, affreusement déchiquetée dans un chaos de ferraille.

Il n'est de saison que les journaux ne relatent semblables faits divers.

Rencontre de l'été 84.

MARCEL DUCLOS, EMBOUTEILLEUR
À ROMORANTIN-LANTHENAY (72 ans).

Embouteiller un navire, nous apprend le dictionnaire, consiste à bloquer ledit bâtiment dans une rade dont on a obstrué le goulet. Mais dans l'univers lilliputien de ce vieux loup de mer qu'est Marcel Duclos, l'opération reprend sa véritable signification. Il s'agit en effet d'introduire un bateau dans une bouteille. Un bateau miniature, cela va sans dire.

La façon remonte au père de notre homme, un gars formidable qui fit cent mille trucs dans sa vie. Orphelin de Fougères, il n'avait qu'une douzaine d'années quand il partit à pied vers Saint-Malo, où il s'embarqua comme mousse à bord d'un morutier qui tendait ses filets sur les bancs de Saint-Pierre et de Miquelon. C'était il y a une paye, en 1897 pour être précis. A la veille de la Grande Guerre, le jeune aventurier commandait un trois-mâts barque, le «Sirius», en qualité de capitaine au long cours. Et comme tout navigateur désœuvré par calme plat, il tuait les heures en s'amusant à sculpter des goélettes qu'il mettait ensuite en bouteille. Certains verront en cela une adaptation profane des ex-voto traditionnels, d'autres le simple passe-temps d'un officier hauturier rongé par l'inaction.

Au lendemain de la guerre, dans les années vingt,

l'activité maritime dut subir une crise qui poussa nombre de bourlingueurs à s'échouer sur le plancher des vaches. Le capitaine Duclos jeta l'ancre à Saint-Ouen, près de Paris, et il trompa son attente en continuant de construire ses petites maquettes. Pendant deux ans il répara ainsi la merveilleuse flotte de voiliers réduits que possédait la famille du docteur Charcot, le célèbre explorateur du *«Pourquoi Pas ?»*. Une collection magnifique, toute en ivoire et en bois précieux. Des batelets pour soldats de plomb qui, bien évidemment, invitaient le jeune Marcel à écumer les quatre océans et à rêver de mille archipels paradisiaques. Bientôt, les prunelles usées à regarder son père, le garçon n'ignorait plus rien de l'art ni de la manière du modélisme. A onze ans, il achevait sa première réplique de vaisseau. Désormais le cap était pris : il suivrait le sillage du papa.

Embouquer un bateau dans une bouteille était une manœuvre qui réclamait autant de dextérité que de patience. Il fallait façonner et peindre la coque avant de la glisser avec son gréement couché sur le pont. La mâture et la voilure n'étaient guindées qu'ensuite, grâce à un jeu compliqué d'une dizaine de fils qui ressortaient du goulot. On manœuvrait toujours à deux sur la même pièce : l'un immobilisait la bouteille pendant que l'autre tirait les fils. Mais il arrivait parfois qu'on rate l'opération ; alors les agrès sombraient dans la tourmente et la bouteille ne méritait même plus d'être lancée à la mer. Un naufrage à petite échelle !

Cependant, le moment des croisières imaginaires n'était pas encore sonné car avant de fignoler ses coques de noix, notre Marcel devait faire ses classes sur les gros rafiots, les vrais de vrai. Il s'engagea donc comme marin gréeur sur les chantiers navals de Nantes et de Saint-Nazaire. Et le hasard lui fit découvrir que certaines boutiques exhibaient d'autres fantaisies en bouteilles que les sempiternels bateaux. C'étaient des sujets en rapport avec les occupations de l'arrière-pays : ici des pêcheurs à la ligne ou des chasseurs de canards, là des joueurs de cartes ou des gardeuses de dindons. Ces flacons avaient en outre l'avantage de servir de carafes à eau-de-vie, alors que les bateaux restaient des bibelots inutiles sur un buffet. Marcel eut aussitôt l'idée de s'en inspirer pour offrir des cadeaux à ses proches.

Les événements de la Seconde Guerre mondiale décidèrent de la suite. A la Libération, après ses quinze ans de service effectif, notre gabier quitta la marine et chercha du boulot. L'usine ne le tentant guère, il choisit de s'installer à Romorantin et d'y ouvrir un atelier de modélisme. Il s'inscrivit à un concours de compagnonnage et décrocha les deux médailles, la première d'or et la seconde d'argent, qui lui permirent de s'établir à titre de maître artisan. Dès lors il ne se consacra plus qu'à la réalisation de ses bouteilles — hormis quelques oribus* —, bouteilles qu'il écoula sans trop de problème dans les bimbeloteries des environs et d'ailleurs. Il continua de produire des bateaux mais il élargit son catalogue aux figures pittoresques de la contrée.

Les bouteilles étaient de préférence en verre blanc afin de ne point cacher leurs enjolivures intérieures. Leur forme n'importait guère. Marcel en récupérait quelques-unes ici et là, c'était ça de gagné, et il achetait le complément à un grossiste spécialisé en matériel viticole.

Au début, pour les «guignols», il employa de l'alisier, un bois fruitier qui est dur et qui ne se teinte pas dans l'eau-de-vie. Puis il opta pour le tilleul et le peuplier, plus tendres, donc faciles à découper. Il essaya bien le chêne mais il dut rapidement l'écarter car les personnages se noircissaient dans la gnôle et devenaient affreux à faire peur !

Le tilleul et le peuplier abondaient à l'entour. Marcel se mit en cheville avec le cantonnier qui entretenait les bermes du canal du Berry, sur le tronçon Langon-Selles. L'ouvrier lui apportait les gros écots qu'il avait élagués. Marcel les débitait immédiatement en fines planchettes ; il les entassait bien à plat, en les croisant pour qu'elles ne gondolent point, et il les laissait sécher pendant une année sous sa remise. A chaque fin d'hiver, bon an mal an, il garait ses deux cordes de bois blanc.

Les planchettes sécables étaient chantournées à la scie selon un gabarit dessiné à l'avance sur un papier-calque.

---

* Voir «*Les Gagne-Misère*», second volume.

Marcel en rectifiait le profil au couteau et à la lime, puis il décorait les éléments et il perçait les trous qui recevraient les minuscules tenons d'assemblage. Les chevalets étaient confectionnés à part, dans des plaquettes de contreplaqué.

L'outillage de Marcel ne réunissait que des fichaises hétéroclites, surtout dans les premiers temps. Des bouts de fil de fer qu'il écourtait et qu'il tordait à volonté, des vieux rayons de vélo, quelques baguettes de bois, des pinces à linge, de lames de rasoir usagées, une lime à ongles... L'enluminure se pratiquait à l'aide d'une vulgaire pointe rougie dans le foyer de la cuisinière. Plus tard, vers 1952, Marcel se facilita la tâche en s'équipant d'une scie sauteuse et d'un appareil à pyrograver électriques.

Le plus coton était de positionner le socle du sujet dans la bouteille. Il le coinçait à force grâce à un mince tampon de liège calé à une extrémité. Puis il fixait le corps du polichinelle et il enfichait les accessoires. Auparavant, le modéliste avait pris soin d'étudier chaque détail au quart de poil pour être sûr que toutes les parties de la composition démontée pouvaient pénétrer dans le goulot. Planter une pipe dans le bec d'un braconnier ou enfiler un panier au bras d'une fermière exigeait une adresse et une minutie peu communes. Car un bon embouteilleur ne devait guère utiliser la colle. La plupart des tenons n'étaient maintenus que par un soupçon d'empois qui se diluerait plus tard dans l'eau-de-vie.

C'était le client qui apprêtait la bouteille en la remplissant de flotte. Le bois se regrossissait après vingt-quatre heures de trempage et plus rien ne se démanchait. La bouteille égouttée était alors présentée à l'achalandage.

L'exécution des personnages comportait beaucoup moins de difficultés que celles des bateaux. Marcel en fabriquait cinquante-deux modèles différents, à raison de deux à quatre bouteilles par jour. Pour augmenter sa productivité, il organisait son travail en petites séries : douze silhouettes d'affilée, puis douze bras, douze fusils, douze clébards, douze lièvres, et cetera. Dans une seule bouteille, il reconstituait toute une scène de chasse à courre : c'est-à-dire le piqueux sur son cheval, le sonneur avec son cor, une meute de cinq ou six lévriers et le cerf aux abois !

Le thème variait en fonction de l'implantation des points de vente. L'éventail allait du majestueux seigneur paradant devant le château de Chambord au modeste vendangeur sans décor. A Orléans, pas d'hésitations : la Pucelle recueillait tous les suffrages. Elle était représentée sur son destrier, l'épée à la main, telle qu'on peut l'admirer en statue sur la place du Martroi.

Marcel proposait ses créations aux marchands de souvenirs, plus rarement aux particuliers. Les bateaux filaient dans les villes du littoral, en Bretagne ou sur la Côte d'Azur. Il chargeait sa bagnole au printemps, juste avant le lâcher des estivants, et il partait approvisionner ses dépositaires habituels. Il revenait en fin de semaine, le coffre vide mais le porte-monnaie rembourré. Il expédiait également quelques spécimens à des collectionneurs du Maroc, d'Angleterre, de Belgique et de Suède. En revanche, ses figurines n'exigeaient pas une si longue tournée puisqu'elles correspondaient plutôt à des particularités régionales.

La commande ne manquait jamais et bien souvent, il ne savait où donner de la tête. La grosse vente se déroulait en fin d'année, à la fête des Pères ou des Mères, pendant la période touristique. Entretemps, Marcel essayait de constituer quelques réserves pour n'être point pris au dépourvu. Ces dernières saisons, il cédait une bouteille contre cent-vingt francs ; derrière lui le marchand faisait la culbute.

«C'était de l'art populaire authentique, ça ! revendique fièrement Marcel Duclos. Et pourtant, je signais rarement mes œuvres. Sur d'aucunes, je mentionnais seulement, sous le socle, «Duc, fabricant à Romorantin», histoire de ne pas abandonner mes guignols dans la nature sans les affubler d'un semblant d'identité.»

A ce propos, écoutez ça : un beau jour, v'là-t-y pas qu'une voisine s'en vient débaucher notre Marcel, encore toute enchantée de son récent voyage à Nice. Et la brave commère de lui avouer : «J'ai même acheté là-bas un bateau en bouteille. Vous qui en fabriquez, venez donc l'admirer !». En sous-entendant bien sûr : vous en prendrez de la graine par la même occasion... Marcel y va, examine l'objet, le repose sur la commode. «C'est une belle pièce, n'est-ce pas ? s'enquiert la voisine, certaine d'entendre une confirmation. — Certes, répond Marcel en connaisseur. D'ailleurs, il suffit que vous regardiez sous le socle pour en être assurée. — Ah, oui ? J'ai pas remarqué, donnez voir. — Qu'y lisez-vous ? — Duc, fabricant à Romorantin. — Voilà, chère madame, vous avez acheté au diable vauvert, et à double prix, quelque chose que vous pouviez ramasser à deux pas de chez vous !»

Moralité : on ramène souvent de bien loin ce qu'on a sous la main, et la valeur qu'on y accorde ne tient que de l'illusion...

De nos jours, les faiseurs de babioles ne se marchent plus sur les pieds. La tradition disparaîtra avec les derniers gardiens de phare. On ne trouve maintenant que de la camelote fabriquée à la va-vite, mécaniquement, avec des bonshommes taillés à l'emporte-pièce et collés dans des fioles au culot découpé. De la pacotille importée de Taiwan ou de Hong-Kong. De la gnognote, quoi. Seuls quelques rares amateurs apprécient encore la bonne vieille qualité de chez nous...

Néanmoins, malgré la bourrasque qui assombrit l'avenir, le quartier maître Duclos a réussi à recruter une moussaillonne. Elle s'appelle Catherine Auger, elle a vingt et un ans et elle s'est promise, en ramant durement, de mener sa barque à bon port. Rien pourtant ne prédisposait cette électromécanicienne de formation à s'engager dans ce genre d'artisanat suranné, si ce n'est le chômage et la curiosité. Elle a observé Marcel en ouvrage puis elle est montée à l'abordage de ses petits bateaux qui n'iront jamais sur l'eau. Et comme bien on l'imagine, la présence d'une sirène dans sa cambuse n'a pas été sans ragaillardir ce vieux forban d'embouteilleur. Depuis, en dépit de l'automne qui s'annonce, le voici paré à voguer vers d'autres horizons, vers d'autres cythères...

Bon vent donc, matelot, et tiens bon la barre !

Rencontre du printemps 84.

CET OUVRAGE
A ÉTÉ REPRODUIT
ET ACHEVÉ D'IMPRIMER
PAR L'IMPRIMERIE FLOCH
À MAYENNE EN AVRIL 1998

N° d'éd. 70. N° d'impr. 43517.
D.L. : avril 1998.
(Imprimé en France)